【文庫クセジュ】

こころの熟成

老いの精神分析

ブノワ・ヴェルドン著
堀川聡司／小倉拓也／阿部又一郎訳

白水社

Benoît Verdon, *Le vieillissement psychique*
(Collection QUE SAIS-JE ? N° 3981)

目次

日本語版序文――日本の読者へ

私はもうすぐ五十歳になろうとしているのに、「高齢者に関わる仕事をして楽しめるのはどうしてなのですか」と、いまもなおよく尋ねられる。たしかに、臨床現場のみならず、大学でも、大半の臨床心理士や研究者、学生たちは、子どもや思春期、若年成人を対象とした領域で仕事をすることを望んでいる。おそらく老いゆく高齢者の存在が、私たちが憂慮するすべてのもの――さまざまな認知能力の減退、身体的パフォーマンスの減弱、社会における居場所や有用性への疑問、思考や活動の自律性を脅かす重篤な病気の出現、そして何よりも、日常生活における死の現前――を惹起させるからであろう。実際に、高齢者――彼ら／彼女らは、私たちの同輩、患者、両親、友人でもある――は、人々の不安をかき立てるし、距離を置かれ、避けられることがしばしばある。

複雑で重篤な身体合併症がある場合を除いて、高齢者が施設に引き受けられると、そこは、しばしばケアの場というよりも生活の場となる。ケアの場では、高度な物質的技術よりも、対人関係の側面が求められる。ただ、そうはいっても、さまざまな場において、標準化された指導を行い、決まった書類に記入する指針やマニュアルが課されている。量的尺度が、臨床行為による効果や収益性を評価できる唯一の指標であるかのようにもてはやされ、個々のケースの特異性や複雑さが脅かされる。思考が浸食されて、仕事をする喜びまでも擦り減らされてしまうのは、ゆゆしきことである。「生き生きと老いる」、「老いを成功させる」などと今日定義され、推奨されているもののなかに理想主義的で一途な規範が居据わっている。子どもたちや配偶者、周囲の人たちは、もはや近親者ではなく「身近な介護者」[1]であり、しばしば、病んだ人を「手助けする」ための適切な行為ができるよう自らを鍛えねばならない。病者との関係性が葛藤的で複雑であると、近親者がやりたいようには、あるいは、できる範囲以上には手助けできないというアンビヴァレンス、不安、失望、罪悪感、さらには恥の感情が生じる。それらはいずれも、内省するための場を見いだすことがしばしばできない。

さらに、血管性、中毒性、あるいは神経変性疾患による影響が全くないときでさえ、単なる神経解剖学的・生理学的な因果性に当てはめられてしまう病因論的発想を前にすると、精神分析的に自らの実践を考える臨床家の機能が明白な倫理的価値を帯びてくる。そういうとき、言葉においても行為においても、その人の行動や心的生活の一部に、無意識や乳幼児性、時間性、心的現実などの場を保障する者として臨床家を位置づけることが重要である。精神分析家のJ＝B・ポンタリスは、次のように述べていた。「少し前より、私は精神分析経験では辿れなかったものに気を配るようにしている。それらが、ほんの少しでも何か小さなものになればと思う」(Pontalis, 2004, p. 106)。拙著で述べようとしたのも、そのようなものである。ケア施設や個人での活動における専門家としての実践、さらには教育や研修実践から

---

1 〔訳注〕専門的介護者ではなく、家族が介護者となる場合のことを指す。本書第五章第三節を参照のこと。

生まれた本書は、私の個人的なあるいは仲間とのテキスト読解や考察が、どのようなものであるかを示している。本書は、私の患者やその周りの人たち、私が交流してきた、または今もなお交流を続けているケアチームや同僚たちに多くを負っている。本書は、異なる専門性をもち、異なる教育を受けてきた同輩たちだけでなく、一般の人が、年齢を重ねた人たちの心的生活に関心を抱けることを目指している。高齢者の心的生活は、広く受け入れられていると同時に、常に特異的である老いという冒険によって多かれ少なかれ苦しめられてきた。本書は、困難や挫折にもめげない心的な独創性に明確な信頼を寄せている。

私にとって、書くことは不可欠である。臨床での出会いによって、お互いに何がもたらされるのかを形にして言葉にするために、そして共有して証明するために書く。物語性の限界を踏まえつつも、何かを語るために書く。臨床での出会いから得られる実感に形を与えるためには、それ自体について書くことが欠かせない。臨床での出会いとは、完全に他者というわけでも、完全に自分というわけでもない、唯一無二の出会いである。ひどく過酷なときもあれば、新たな力を与えてくれるときもある。こころや語りに関するものを患者のために形にすることは、しばしばばらばらになって、忘却され、遠ざけられることにきわめて陥りやすい。自分のため、他者のため、情報提供やコミュニケーションのために書き、日々の仕事に意味を与え、痕跡を残し、ときには記憶のために書く。そういうとき、臨床で耳を傾けることは、自身の慎重さや中立性だけでなく、いずれ自分自身が消えていなくなってしまうことにも立ち向かっている。

私は子どもの頃、祖父母たちに戦争の話をせがんだことを覚えている。学校で聞かされていた戦争についての内容は、あまりに遠くて、スケールが大きく、実感がわかなかった。しかし、祖父母の話は生活にとても密接して、非常に身近なものだった。というのも、祖父母たちが変わらずそこにいたのは、生き延びたのだから。祖父母たちが生き延びたからこそ、私の両親がそれぞれ生まれ、何十年か後には私も生まれたのだ。祖母は私に、ドイツ兵の軍靴の音が住んでいた小さな村を不安に陥れた話をした。祖父は、砲弾によってたたきつけられた大量の土に危うく生き埋めになりかけたことを語った。二人とも当時、恐怖を感じ、死の脅威に晒されていたが、なおも生き延びて、その体験を証言することができた。人生のかけがえのない価値、それがあまりに脆いことを否定できないとしても、そのすべてが、成長するなかで、私のなかで蠢くものに影響を与えていた。語ることと耳を傾けることが貴重であること、世代間の関係に豊かさがあること、差異を尊重すること、経験者が集うことには驚きが伴うこと。それだけではなく、喪失や消失のおそれとその必然性、月日が流れることに伴う困難なども学んだ。

本書では自分の祖父母については書かなかったが、専門家としての私に会いに来た人たちや、私の方から会いに行った人たちについて書く必要はずっとあった。臨床での出会いからもたらされるものについて同僚や学生たちの関心を向けるのに、患者の匿名性の保証に留意する以外には、何ら理想化も検閲も行わなかった。その人に固有のこころには、今なお欲望や抵抗、備給や脱備給[1]から展開するものが

1 〔訳注〕「備給」「脱備給」については巻末の「解題」を参照のこと。

存在しており、器質的因果性が、その唯一の病因論的モデルとはなりえないことを理解してもらおうとした。本書を執筆したのは、老いを生き抜き、よりはっきりと見つめるために、そこでもたらされるものを見分けるのが難しくても、自分の声を聞くため、すべてを把握することも理解することも、ましてや修復することもできない罪悪感と折り合いをつけるためである。人々が抱く、老人にはもはや大した価値がないという恐ろしい確信について、さまざまなやり方で書くのである。マルグリット・デュラスの次の言葉は、そういう確信を持つ人々の言葉なのかもしれない。「私にはもう、自分の気持ちに耐えるための居場所がない」(Duras, 1985, p. 23)。私はおそらく、執筆することで、(自分に)こう言いたいのだと思う。「聞いてほしい！　この女性の声を、この男性の声を。七十一歳のアドリアンヌの語りを聞いてほしい。彼女はアルツハイマー病と闘っていて、出口の見えないトンネルのような体験をしていた。「ときどき、これ以上考えたくない、知りたくないと思うことがあります。あのですね、難しいことなのですが、自分に起きていることも、自分がアルツハイマー病であることも忘れたいのです。もうすでに、たくさんのことを忘れているというのに。〔…〕あなたが私と一緒にトンネルの中にいると言ってくれたことを覚えています。私は、あなたが話すことを理解しています」と、彼女は私に語った(Verdon, 2015, p. 231, 232)。七十九歳のベルナールの語りに耳を傾けてほしい。彼はいつも、暴力的な禁止や超自我から愛を剝奪される危険に満ち溢れた悪夢と向き合っている(Verdon, 2017)。八十一歳のマルガレーテの語りを聴いてほしい。彼女は、近親姦された父親の姿に、後になってからひどくとらわれるようになった。そして、彼女がもたらした陰性治療反応によって、その父親像が消失したことも、私から聞いてほしい」（Verdon, 2014）。

私たちが個人的に何かを書くのは――ときには公けになるものであっても――きっとすべてが永遠には失われないようにするためである。

記憶や言語活動が大きく損なわれたり、アイデンティティが混乱したり、死の不安に苛まれたりしなくても、実際の加齢に伴う苦痛の障害を自身で感じられる。悲劇的であると同時に本質的であり、深刻かつ苦痛に満ちた、人生経験そのものに内在する反響がこだましているからである。作家パスカル・キニャールが『さまよえる影たち』のなかで力強く述べる時、この確信に満ちている。「孤独なくして、時間を感じることなくして、沈黙を愛することなくして、からだ全体で感じる興奮や弛緩なくして、恐怖のなかで震えることなくして、目に見えない鬱蒼とした何かのなかでさまようことなくして、動物の記憶なくして、憂鬱なくして、憂鬱のさなかの孤独なくして、喜びなどありえない」（Quignard, 2002〔邦訳一五一頁〕）。

このささやかな本は、こうした経験を力づけるために書かれている。それは人生の経験というだけでなく、分析家と被分析者とが、互いにひとつの冒険に乗りだす経験でもある。その冒険は比類ないものであり、薄暗いときもあるが、しばしば生きる力を与えてくれる思いがけない扉を開けてくれる。

参考文献

Duras, M. (1985). *La douleur.* Paris : P.O.L.（マルグリット・デュラス『苦悩』〔新装版〕田中倫郎訳、河出書房新社、

二〇一九年)
Pontalis, J.-B. (2004). De l'inscrit à l'écrit. Entretien avec Pierre Bayard, in *Le laboratoire central* (pp. 105-113). Paris : Éditions de l'Olivier, 2012.

Quignard, P. (2002). *Les ombres errantes*. Paris : Grasset. (パスカル・キニャール『さまよえる影たち――最後の王国〈1〉』小川美登里・桑田光平訳、水声社、二〇一七年)

Verdon, B. (2014). A quoi bon remuer tout ça ? In J. André & P. Guyomard (dir.), *Le moi, cet incorrigible* (pp. 61-87). Paris : Presses Universitaires de France.

Verdon, B. (2015). La maladie d'Alzheimer, entre présence et absence à soi-même. In C. Chabert (dir.), *La douleur* (p. 223-239). Toulouse : Erès.

Verdon, B. (2017). Point de repos pour les braves. Plomb et surplomb du surmoi dans l'expérience du vieillissement. In J. André (dir.) *Persécutions* (p. 49-67). Paris : Presses Universitaires de France.

苦しみは三つの方面から襲ってくる。まず自分の身体からやってくる。身体はいずれ衰え朽ち果てる定めにあり、苦痛と不安すら警報として欠かせない。第二は外界に由来する苦しみだ。外界は、ときに、容赦ない圧倒的な破壊力をもってわれわれに牙を剝く。そして最後の苦しみは他人との関係からやってくる。

——ジークムント・フロイト「文化の中の居心地悪さ」〔『フロイト全集20』岩波書店、二〇一一年、八二頁〕

夢の中で、私たちは何歳なのだろう。永遠に同じ年齢のままだろうか。

——フランソワ・モーリヤック『新たな内面の回顧録』一九六四年〔『続内面の記録』杉捷夫訳、紀伊國屋書店、一九六九年、一二六頁〕

はじめに

老化は、生物学的、人口統計学、社会学、経済学的に騒ぎ立てられるほどではないにせよ、異論の余地のない現象である。とはいえ、女性であれ男性であれ、だれもが経験する特異な冒険でもある。そうした経験は、各人に固有の変化、通過であり、喪失や能力の低下、緩慢さ、「小さな悲劇に彩られた通奏低音」[1]に特徴づけられた、潜在的に薄暗い年齢帯へと向かう避けがたい進行である。老化を特徴づけているのはそればかりではない。理想や失望など自己へのまなざし、友人やライバルなど他者へのまなざし、到達と未踏との間の複雑な緊張感、そして死。メディアは、百歳を越える超高齢者層の出現や、再就職や慎ましい生活を送ることすら難しい「シニア世代」の存在、また多少とも年を取ると、脆くなってなおざりにされる人、アルツハイマー病を患う人、老健施設や家庭内でひどい扱いを受ける人がたくさんいることを報じる。ほかにも、「アンチエイジング」、そして不死のために何でもしようと追い求める見世物のような様子も報じられている。こうした報道のせいで、老若男女を問わず、老いが大多数の人に等しく訪れる私的な内的経験であることが忘れられてしまうのかもしれない。

老いとは、広く共有された自然な現象でありながら、単なるありふれた経験ではない。たとえ、認知症的な機能低下を伴わず、頑なまでに若くて変わらずにいようとする願望がなかったとしても。老いとは、比較したり、グループ研究を進めたり、（生物学的、認知的な）規範的指標[2]を抽出できるものというだけでなく、その程度やリズムには非常に個人差のある客観的な諸事象によって特徴づけられる、ひとつの経験である。老いとは、まずもって穏やかならぬ特徴をもち、各人のなかで、外的現実や心的現実が強力にぶつかり合い問題化するきわめて主観的な経験なのだ。

老化を通じて、寛容になり、さらには感受性も豊かになるため、自分や他人のなかで変化するものや、失うもの、亡くなる人に、長期間にわたって正面から向き合うことになる。あるいは逆に、そういったことを無視し、忌避し、否認や理想化などの行為によって対抗備給[3]することもある。老化は、幼年期、思春期、成熟期、初老期といった連続性のなかに根を下ろしている。この連続性のなかで、ある心的作業が、ゆっくりとではあるが、反復や停滞、退行へと複雑に展開する。そして、自らに固有の指標や一貫性、まとまりを少しずつ見いだすと共に、やがては自らの部分的な有限性に直面してゆく。年を取るという作業は、部分的には、単なる老衰ではなく、複雑な心的経験に根づいており、その経験はこころ

1　Danon-Boileau.〔巻末参考文献【26】〕
2　〔訳注〕バイオマーカーや診断基準など。
3　〔訳注〕対抗備給については、巻末「解題」を参照のこと。

を動かし、区切りを作るように構造化する。失う、欠く、断念するといった言葉は、実際、非常に幼いときからたびたび経験する以下のような出来事に共鳴せずにはいられない。人は、たくさんの願望を成就させていくなかで、新たな満足の方向を見いだすためには、自分のいくつかの要求や主張を放棄する必要性に駆られる。そうするうちに、もはや何ひとつ価値がないと、誰のことも省みず、自分のことすら無価値とみなす致死的な幻滅に至る。老いとは、実際、各々にとっての現在であり、さまざまなことを絶えず問いかけてくる。生の意味とは？　死の意味とは？　自分たちの手元に残っている快のリソースとは？　もうなくなってしまったリソースとは？　私たちの享楽の邪魔をする内的な足かせとは？その享楽をのびのびと解き放つ運動とは？　ときに苦痛を伴いながら、絶えず喚起させるこうした現実の諸次元について、私たちはすべてを把握できるわけではなく、愛や競争、喜びや痛みは通り過ぎ、やがては霧散していくのだ……。あまりにひどい損害を被ることなく、老いを生きることは可能だろうか。反対に、老いという作業を進めるうえで、耐え忍びがたい新旧の心的困難が足かせとなる場合には特に、日常生活に支障をきたし、苦痛を伴う身体的・精神病理学的な代償不全が生じるのは当然であろうか。いずれにしても、そこで生じているいろいろな問題群や心的プロセスについて、丁寧に把握できることが肝要である。

しかし、老化について考えることは、生やさしい取り組みではない。なぜなら、老化は潜在的に、憂慮や幻滅、さらには極度の恐怖をもたらすからである。そのため、この老いという対象は、それそのものが合理化や理想化といった行動にきわめて晒されやすく、老いをコントロールしたり、手なずけたり、距離をとったり、人工的に改良したりしようとする。さらにこの対象は、個人や集団、歴史、経済、政治、哲学、宗教、生物・心理・社会的要素といった諸表象に相互作用することで、きわめて多彩な領域にまたがる複雑な様相を呈している。そして、厳密な実証科学から人文科学までの専門的学問が関与しており、それぞれが独自の立場や固有の認識論に基づいて、老いについての特有の光景を描いている。それぞれの関心や限界がどのようなものであれ、ほかの専門的展望との対話をいくらかでも行っていくことで、各々の光景は、この老いという現象に内在する複雑さの理解に寄与し続けている。

精神分析的に老いを考える

比較的最近になって、高齢者の臨床についての精神医学的考察が積み重なり、発展してきたことは、賞賛すべきことではある。[1] ただしそれは、「人口統計的階層のなかに〔老いという〕ひとつの臨床単位をつくりだし、加齢をその病因にして、個々のこころの機能を探索することから目を背けさせてしまう危険性」[2] を考慮したうえでのことである。乳幼児期や青年期の臨床に、成人の心的生活の理解の仕方を当てはめないことは、本質的に重要なことであるが、老年期の臨床の場合は、この問題は複雑になる。老年期臨床は、たいていの場合、年齢という唯一の口実のもとに別ものとみなされるが、そうではあっ

1 Montfort, 2006.
2 Charazac, 2001, p. 1.〔巻末参考文献【21】〕

ても、成人を対象としている。成人が新しい現実に直面しているのは確かであるが、それは再現勢化[1]された現実でもあり、それまでの心的生活を突き動かしてきた葛藤とは決して切り離せない。ジャック・メッシは、一九九二年より『高齢者は存在しない』という挑発的なタイトルの辛辣なエッセイを出版した。メッシは、各人の個別性が、特定の共通項で規定された人口統計学的な一集団の単純化された実証性によって、一括りにされてしまう危険性を告発した。こうした共通項は、現実の一部を反映しているが、こころの機能のダイナミクスを考えるために抽出されたパラメーターとはひどくかけ離れている。

ジークムント・フロイトは、一九〇四年に、五十歳以上の人たちに精神分析を実施することに強烈な悲観主義を表明していた。[2]それは年齢が理由というよりも、心的プロセスの可塑性がしばしば欠如していることが見られ（フロイトはその際、リビドーの粘着性と述べ[3]、備給が変化しづらいことや、過剰な固着によって機能様態が落ち着いてしまう危険性を示した）、心的な素材があまりに多すぎるからである。しかし、この頑固な見解に対する完璧な反例を、フロイト自身が示していることは明白である。フロイトは、死ぬ間際まで旺盛な創作活動、執筆意欲を示していた。とりわけ、定期的に自分の著作を繰り返し改訂し、いくつもの論考の欄外に細かく何度も補遺や注釈を付け加えていた。（フロイトの弟子で）同僚でもあったシャーンドル・フェレンツィは、老いという問いにあえて答えようと試み、「老いの諸症状は、海から遮断されて、いかなる川の流入もなくて干上がった湾内に現れる岩礁と同じである」とまで主張していた。[4]だがカール・アブラハム[5]やアーネスト・ジョーンズ[6]をはじめ、その他の多くの分析家たちは、はるかに含みのある立場を取っていた。彼らは、可塑性の全般的欠如という事実を相対化する一方で、柔軟性を欠いた、あるいはもはや柔軟性がない場合に、治療に求められるものがこころの機能の様態の根本的変化だとするなら、精神分析は否定しえぬ限界を知ることになると実際に主張したのである。

老いに関する精神分析的な議論や発表がなされるようになったのは、北米圏（カナダや米国）と同じくフランスでも、大部分は一九七〇年代に入ってからである。しかし、こうした関心は、児童や青年期、若年成人の臨床における熱心な取り組み方と比べると、はるかにささやかなものであった。当時の考察は、単なる欠損プロセスには還元できない、老いという作業に固有の複雑な心的再編成に向けられていた。また、その関心は、ナルシス的苦痛やエディプス的および前性器的段階での葛藤状況の再現勢化にも、寝椅子に横たわる姿勢をとる分析実践について問い直すことにも向けられていた。いずれの問題提起も、老年期の精神分析的精神病理に関してすでに広範な領域で展開しており、深く掘り下げていくことが求められていた。

1　〔訳注〕「再現勢化」については巻末の「解題」を参照のこと。
2　〔訳注〕「フロイトの精神分析の方法」『フロイト全集6』岩波書店、二〇〇九年、三八三頁〔巻末参考文献【38】〕、「精神療法について」『フロイト全集6』岩波書店、二〇〇九年、四〇七頁〔巻末参考文献【39】〕。
3　〔訳注〕ある対象で満足を得ると、その対象に執着し、別の対象への備給へ移行しようしないリビドーの特性。
4　Ferenczi, 1921, p. 151.〔巻末参考文献【34】〕
5　Abraham, 1920.〔巻末参考文献【1】〕
6　Jones, 1948.〔巻末参考文献【65】〕

老いの問題に関心をもつ精神分析家のなかには、反精神医学運動の展開を敏感に感じ取った者もおり、彼らは治療空間に付随する生活空間しか保証しない施設での心理療法の提供を懸念して、都市における高齢者に適した治療構造の設置に実際に関わった。それらは、デイケアやデイサービス、在宅訪問診療、受け入れアパートの設置や、研修・研究センター、情報提供や予防センターの設置などがある。社会活動を促進させる協会や多職種の治療ケアチームによって提供される老年精神医学的治療もそうだ。数年前より発展してきた病院の地域連携ネットワークは、大学と連携し、老いの精神分析的精神病理の教育や研究を支えている臨床家たちにならって、こうしたアプローチの遺産を引き継いでいる。

本書は、老いという問題に向けられるほかの専門的視座を補うことを目指している。心的生活に関心を払い、幼児期、青年期、若年成人期の連続性のなかでそれがどのように進展し、どのように機能不全に陥ったかに注目する。現在は老熟している高齢者たちも——しばしば忘れ去られがちなのだが——みな等しくかつては幼児、青年、若年成人だったのだ。また、多かれ少なかれ均衡を保ちつつも、固有の論理や内的一貫性によって動かされながら、老化という抗しがたい外的現実に直面するこころの機能の特殊性にも注目する。本書では、心的因果性や心的時間性に関する諸問題や、心的装置の内的再補修[1]、喪失、とりわけ死とつながる問題群の取り扱い、こころのセクシュアリティとその運命、およびその表現の多様性に関する問題、さらには脳神経病理を患う人たちのこころの機能の諸様態などについて取り上げる。最後に、臨床実践上の問いについて取り上げ、老いに対して提案できる治療方針のなかで、患者とそのこころの複雑性に取り組む際には必ず重視すべきことをみていく。

男性、女性とも、自らの老いに対して等しく無力というわけではない。潜在的には常に、ナルシス的備給と対象備給のなかで何かを作りだしている。たしかに苦しみが生じて、ときに病的となる危険性はあるが、老いとは、強烈で「力強い」[2]心的作業に関与し、「思考、象徴化、変容を強制するもの」[3]である。老いとは、服従というよりも妥協する時間である。構築する時間、考案する時間、さらには生き延びるために越境する時間である。こうした時間は、心的リソースが図らずも動員される機会となり、最期を迎える前に、最終的に何かが見いだされることもときにはある。

1 〔訳注〕「補修」については巻末の「解題」を参照のこと。
2 Villa, 2010.〔巻末参考文献【107】〕
3 Talpin, 2013.〔巻末参考文献【99】〕

第一章　老化というプロセス

人間のこころは、自然的決定論と文化的決定論という二重の決定論の影響を受けている。それは、その（疑問の余地のない）特殊性と、その（相対的な）自律性において、ひとつの独創的な創造物のように浮かび上がる。

――アンドレ・グリーン『心的因果性』[1]

老化を定義する試みには、数多くの要因が関わってくる。それゆえ、老化に関わる物事を簡単に言い表すことは難しい。実際のところ、老衰という（自然で、普遍的で、漸進的で、内因性で、全面的に退行性で、個体を構造的あるいは機能的に脆弱にし、死をもたらしうる要因に対してより敏感にさせるような）生物学的老化がある一方、人間社会の類型ごとに異なる社会的老化というものが構築されており、それらの間には、大きなギャップがあるようだ。老いの到来の条件を定義するのに、生物学的老化が強く関与しているとすれば、それは加齢に関わる時系列的老化とは区別する必要がある。幼年期に発症する異常な速度の生理学的老化が特徴のハッチンソン＝ギルフォード症候群（プロジェリア）や、ウェルナー症候群[2]のような、重篤かつ致死的な身体疾患という稀なケースを除けば、老いの徴候がそれとして明確に出現し、体験されるのは、多くの場合、四十歳あるいは五十歳以降である。たしかに、生物学的老化と時系列的老化が同時に進行する場合もあるが（目に見てわかる生物学的老化は、多くの場合、かなりはっきりと決まった年齢で平均的に観察される）、それらはまた、遺伝的形質によっても、異なる人生の経路を作ることになるジェンダーや職業や社会階級などの実存の条件によっても、ばらばらに進行する。しかし、それら二つの老化は、いくつかの一般的傾向と結びついており、比較的一貫性はあるが単純ではない病像を少しずつ粗描するのに役立つ。その傾向とは、たとえば次のようなものである。肉体の確実な脆弱化。社会生活のダイナミクスから遠ざかり、日常的な行為を実現するために第三者による援助が日々必要となるリスクに身を晒させるような、避けがたく価値下げされた社会的地位。他者の死や自分自身の死という事実への多少なりとも距離を置いた直面。このようなわけで、老化の問いが深刻なものとして立ち現れてくるのは五十歳以降である。なぜなら、自分が老いてきていると感じなくとも、老化を連想させるような現実や人々が存在するからである。

しかし、心的な機能（不全）の源泉に生物学的あるいは環境的な要因だけを持ちだす直接的な因果性の観点から、パトスに関する問いを立てることは、認識の方向性においてきわめて問題があるだろう。

---

1 André Green, *La Causalité psychique*, Paris, Odile Jacob, 1995.

2 〔訳注〕ハッチンソン＝ギルフォード症候群（プロジェリア）もウェルナー症候群も遺伝性早老症のひとつであり、どちらも日本では指定難病となっている。

たとえば、しばしば更年期や男性更年期の患者が示す、抑うつ、不眠、いらいら、集中困難などの状態は、しばしばホルモン・バランスの変動という観点からのみ考えられてしまっている。老いるということに結びついた心的な不安の問いが、進行中のプロセスの理解にわずかなりとも関連づけられることはない。かくして、精神分析理論は、それらの要因に、複雑でかつ中心に据えられるダイナミクスを、すなわち心的因果性を結びつけることを提案するのである。

I　身体と生物学的因果性

七月一日――私は認めなければならない。もはや上手に歩けないが、それを諦めきれない。年齢の疲労が一挙に私の両膝に押し寄せる。私は強い、しかし、彫像の足は粘土でできている。外的世界から人が私に言うこと、私に届くものには、いささかの価値もあるようには思われない。出来事は内的なものである。

――ジュリアン・グリーン『日記』[1]

たとえ、生物学的な老化を老いの根本要因と考えることの自明性が問いに付されるべきだとしても、生物学が関与している役割は無視できない。危険な年回りの時期がやはり決定的な時期であることに変わりはなく、思春期の到来以降（病気、事故、妊娠の場合を除けば）比較的静穏だった身体は、この時期に、必ずしも病理的ではないが日常的な諸々の変化のなかで再び騒々しいものになる。「更年期」や「初老期」は、女性における卵巣周期機能の終わりや、生殖機能の最終的な停止や、閉経を特徴づけるものであるが、それは衰退の時期へのある種の入り口であり、そこではさまざまな身体的変化が出てくる。たとえば、急なほてりや発汗を伴う血管運動性の不安定さ、皮膚や皮膚付属器（爪や歯など）への影響、性器の潤滑性や弾力性の低下、等々。男性更年期に関しては、身体的変化が女性ほど目につかず、また男性がそうした側面に対抗的な態度を取るために、比較的研究の歴史が浅い。しかし、だからといってそれらを免れるわけではなく、やはり生理学的変化が伴う。たとえば、急なほてり、発汗、性的反応の低下、ときおり生じる力学的なインポテンツ（勃起の鈍化、硬さと持久性の低下、射精のコントロール不全、早漏、オーガズム時の収縮の回数の減少）である。それでも、精子形成とテストステロンの分泌はより年齢の進んだ時期まで存続するので、女性更年期と男性更年期の類似には議論の余地がある。[2]

---

1 Julien Green, *Le Grand Large du soir. Journal (1997-1998)*, Paris, Flammarion, 2006.

2 〔訳注〕更年期については、男女差だけでなく国や地域による差異も指摘されており、一括りに更年期という概念を用いることに対する批判も提示されている。たとえば、マーガレット・ロック『更年期——日本女性が語るローカル・バイオロジー』江口重幸・山村宜子・北中淳子訳、みすず書房、二〇〇五年を参照。

更年期は、全面的な脆弱化の原因となったり、よりリスクのある急性あるいは慢性の身体的な障害（骨粗鬆症、白内障）の発病の原因となったりする、生物学的変化の予兆であることもはっきりしている。マルグリット・ユルスナールは、ハドリアヌス帝の言葉をとおして、身体機能の衰退をものともしないものについて完璧に記述している。

［…］子供のころやった競走をまざまざと思い出す。それは自分自身との競走で、完全な心臓と無傷の肺がすぐ常態に復することを信じきって、息も絶え絶えになるまで走り続けたものであった。［…］生に酔いしれた者は死を予想しない。死は存在しない。彼はひとつひとつの身振りによって死を否定する。［…］この緊密な同盟が解体しはじめたのだ。私の肉体は、私の意志、精神、そして無器用にも魂とよばざるをえないあのものと、一体であることをやめつつあった。［…］ほんのちょっとした動作も重労働となっていたが、人生はそのような重労働からなりたっているのであった。[1]

感覚器官の機能低下は、自律の能力を大きく低下させ、それによって自動車の運転を諦め、安全に買い物をするために杖を利用することが、いくぶん乱暴に強いられる。身体の脆弱化は、主体の自律性の喪失を補うために第三者による不可欠な介入というリスクをもたらす。ひどく依存した状況になると施設に入所せざるをえなくなり、いわゆる看護を受けることになるだろう。平均余命を伸ばすことはQOL[2]を保障せず、良好な心的状態のなかで老いていけるかどうかは、明らかに、社会的な選択と関わっており、それは政治的な次元で実行されるものである。

身体の老化は、脆弱性や無能力性、さらには病理の発現を支えたり促進したりする構造上および機能上の変化だけを引き起こすのではない。身体の外見上の変化は、自己への備給をそれなりの大きな強度をもって動転させ、ナルシシズムの堅固さと柔軟さを深刻な仕方で試練に晒す。[3] 一九三五年、当時七十九歳であったフロイトは、ルー・アンドレアス・ザロメ[4]に宛てて次のように書いている。「老いることの恐怖に耐えるのに、とても良い本性も豊かなユーモアも必要ないのです！〔…〕私に知性なんてものを期待しないでください。自分がまだ何かを生みだすことができるかわかりません。自分はそうは信じていませんが、自分の健康のことで精一杯である限り、時間的な余裕はないのです」[5]。だいぶ後年

1 Marguerite Yourcenar, *Mémoires d'Hadrien*, Gallimard, 1951.〔訳注〕マルグリット・ユルスナール『ハドリアヌス帝の回想』多田智満子訳、白水社、二〇〇八年、一三、六四、二六〇頁。
2 〔訳注〕「生活の質」を意味する Quality of Life の略。
3 〔訳注〕自分で自分のことをどのように捉えるかが、身体的老化によって大きく変化することについて述べている。
4 〔訳注〕ロシア生まれで、ドイツで活躍した作家。多くの著名人との交流があり、哲学者のニーチェや小説家のリルケに求婚されたと言われている。一九一〇年代からは、フロイトに学び、精神分析家としても活動した。『神をめぐる闘い』（一八八五年）などの作品で知られる。
5 Freud, *1873-1939*, p. 463.〔巻末参考文献【37】〕

になって、ウジェーヌ・イヨネスコは、『断続的探求』[1]のなかで次のように書いている。

ほんの少し前、十六か月前、七十五歳を超えて、私は若かったが、突如として、心理的にも身体的にも老いへと陥った。七十五歳のとき、私は老いについて「語っていた」のだが、いまや私が老人なのだろうか。いや、情熱においても、魂においてもそうではない……それなのに。若くて不滅の部分がある一方で、第二の部分があって、それは……。私の妻もまた、私自身がこの、言ってみれば、馬鹿げた、本当に馬鹿げた、不幸な事故に遭い、不幸なめぐり合わせが起こったそのときから、私と同時に、突然に老いた。しかし、彼女には、私にはない平静があり、老いることを受け入れている。私にトラウマを与えた五日間、忌々しく、恐ろしく、冷酷な真実の開示であった五日間を不幸に思った私とは違い、年寄りたちのなかで年寄りたちのように生きることの不幸を感じていないのである。

このような証言[2]は、老化の経験のなかの身体の位置づけを強力に際立たせている。この問いについては、セクシュアリティの運命をめぐって、改めて立ち返ることにしよう。というのは、老いゆく身体が、ただ単に、血と肉を備えた、具象的で滅びゆく、有機的な身体であるからではない。それが、誘惑や競合の関係に潜在的に巻き込まれている身体、つまり、優しさと暴力、苦しみと享楽の対象でもあるからだ。

II　認知的な側面で起こること

老化は、多くの脳の基質の変化を引き起こす。それらの変化は、病巣の局在性、その性質、重症度に従って、通常のものであれ病理的なものであれ、きわめて多様な認知的変化を潜在的に引き起こしうる。さらに、高齢者の臨床のなかで定期的に観察される不安性の、そして抑うつ的な脆弱性だけでなく、思考プロセスに影響を与える精神障害（分裂、抑圧、隔離といった防衛機制[3]が生じる）や、薬物治療が原因で引

1　Eugène Ionesco, *La Quête intermittente*, Gallimard, 1988.

2　〔訳注〕この日記が書かれた一九八六年八月、イヨネスコは妻と共にフランス・ロワレ県にあるロンドン城にて、フランス劇作家作曲家協会の集まりのために五日間ほど滞在していた。彼はほかのゲストも年寄りばかりなのに気が滅入ったようである。また、彼はその数年前に糖尿病で意識不明になっており、その後、歩行に杖が必要となっていた。ここで「事故」と記されているのは、その事態を指している。

3　〔訳注〕いずれも古典的な精神分析理論における防衛（さまざまな脅威から自らを守るための無意識的なこころの機能）で、特定の思考・空想・情緒を自らから遠ざけようとするものである。分裂は、ある特定の部分を分割して自らのうちから排除する。抑圧は、意識領域に置いておけないものを無意識領域に押し込め、閉じ込めておく。隔離は、意識内において、受け入れがたいものを、それと関連のあるものから遠ざけておく。

き起こされる合併症の影響も見られる。たとえば、視覚障害や聴覚障害もまた、認知プロセスを動かし、表現するうえでの不具合を生じさせやすい。これらの変化は、なにがしかの特定の能力（記憶、言語、行動、認識）や、あるいはより一般的な要因（遂行機能、処理速度）に関わることがある。これらの変化がみな、特異的なものであり続け、その人に固有のリズムで進展するなら（これらの変化が、社会文化的水準、つまり、学校教育、過去および現在の生活環境の水準、思考を駆動するためのゆとりや楽しみといった水準と関連している）、いくらかの一般的傾向が観察できるかもしれない。

このように、注意リソース、遂行機能、心的柔軟性、記憶などが低下することは、頻繁に生じると指摘されている。[1] しかし、ここでもまた、一般に研究されている下位システムに従うと、物事はさらに細分化、複雑化していく。たとえば、ワーキングメモリ、[2] つまり、限られた記銘能力のシステム――課題を理解しようとしたり、問題を解決しようとしたりするときに、新しい情報を一時的に保持したり操作したりするために用いられる――は、特に老化の影響を受けやすい。この記憶機能は、注意能力や、心的柔軟性や、余計な情報を抑制する能力と深く結びついている。ワーキングメモリが打撃を受けると、高齢者は、言われたことを徐々に忘却したり、複数の課題を同時に行うことが難しくなったりするおそれがある。また、ほかの重要な記憶システムも、老化によって脆弱化することが明らかにされている。それが、エピソード記憶、[3] つまり、具体的な文脈のなかで体験された出来事と結びついた情報を、記銘し再生する記憶である。ここでもまた、同定したり、時間のなかに自らを位置づけたり、出来事の日時を記憶したり、以前出会った人々を再認したりする能力が問題となっている。情報の記銘に苦労する高齢者もいれば、情報の想起に苦労する高齢者もいる。手がかりが与えられることで、自発的に思い出す困難を埋め合わすことができる場合もある。だが、関連する注意障害によって、誤った再認が助長されるおそれもある。それに対して、手続き記憶については、以下のようなことが一定して観察されている。これは、自動車の運転や水泳のような何らかの運動能力が必要とされる状況のなかで動員される暗黙の記憶の形態であるが、自動的に、そして意識せずに獲得されるため、私たちが特別な努力をすることも、多大な集中力を振りしぼることも必要とせず、年齢の影響をほとんど受けない。

その代わりに、視空間的な能力は、老化によって阻害され、さらにはダメージを受けることがある。高齢者は、明るすぎたり暗すぎたりすることの影響をより一層受けやすく、遠くあるいは近くの環境の起伏やコントラストを正確に把握することができなくなる。さらに言えば、ある対象を心的に表象したり、空間のなかで操作したり、その表面や形態の質を評価したりする能力もまた、加齢によって障害される。

言葉を操ることは、統語および音韻のシステムが文を構築するために常に稼働可能であるという意味で、老化の影響をあまり受けない。しかし、たとえば、注意困難の悪影響のせいで長い文の理解が妨げ

---

1 Gély-Nargeot *et alii*, 2000.〔巻末参考文献【50】〕
2 Baddeley, 2000.〔巻末参考文献【7】〕
3 Piolino, 2003 ; Isingrini et Taconnat, 2008.〔巻末参考文献【87】【62】〕

られうるように、学習の困難が観察されることもある。

それゆえ、認知機能の老化は、正常なバリエーションという性質を帯びている。というのも、諸々の変化、さらには観察される機能低下は、頻繁なものであり、広く共通するものであるが、日に日に生活上の支障をきたすようなものではなく、保護的で穏やかで思いやりのある環境においては、より効率的に稼働可能だからである。しかし、障害が局所的なものであれ広範なものであれ、それが持続的で日常的な仕方で自律の能力を妨げると、認知機能の老化は病理的なものにもなりうる。認知神経心理学の研究によって、数多くの臨床評価尺度が開発されてきた。それらのテストでは、認知プロセスの評価を行い、患者から得られた結果を、年齢や性別や社会文化的水準の観点から見た標準と比較すると共に、それらの特性を正常、あるいは脆弱、あるいは病理的と判断することができる。

実際、多くの老いゆく大人たちは、ちょっとでも動けなくなったり、わずかでも記憶がおぼつかなくなったりすると不安になる。アルツハイマー病の前駆症状が現れることへの懸念は、ときに強烈で、不安に陥れるものだ。実際、多くの専門家たちは、脳変性疾患の病態や血管性の病理を示す潜行性の徴候リスクを見つけだすために、認知能力の査定を提案している。このアプローチは、不安を抱く人の要望に応えるし、心的恒常性や自律性が日に日にひどく損なわれていくような脳疾患の特徴を持つ可能性のある認知障害を、早期に発見するという客観的利益にも応える。その目的は、まだ損なわれていない認知リソースや脆弱になった認知リソースを駆動させ、トラウマの心的加工をサポートしたり、作動している防衛のあり方と共に、現勢化している問題や不安を考慮に入れたりすることによって、そうした人たちに寄り添うことである。こうして開発されたテストは、認知障害の診察という日常的な臨床実践において、きわめて有用であることが明らかになっており、病因（とりわけ潜行性の器質的な病的プロセスが関わる場合は）を明確にし、潜在的な重篤な障害、そしてその範囲や深刻さを特定し、絶えず駆動されうるリソースを見つけだし、必要な場合には適切な治療的援助のあり方を提案する。

このような検査は、コンピテンシー、傾聴、機転、忍耐をもって実施されうるにしても、思考プロセスが脳のリソースに還元され、その人となりが自身の脳に還元されてしまうと、ときに、臨床的および倫理的な水準において受け入れがたい条件のもとで実施されることになる。マリー＝クリスティーヌ・ゲリー＝ナルジオ[1]は、ある種の逸脱した施行に対する懸念を次のように表明している。「神経心理学的な検査が行われても、それは医学的な目的（診断や、薬剤の投与計画への包摂など）だけに利用される。心理士はたいていの場合は自分で説明する機会がなく、それが病理的な状態かそうではないかという客観的判定だけをしている。幸運なことに、このような偏った使用傾向をよく自覚している神経心理学者もいる。そういう神経心理学者たちは、協働的アプローチにより一層取り組んでおり、そのなかで、高齢者やその近親者から、困難だけでなく病いなどに関する期待やイメージなども聴取することに取り組んでいる。こうしたアプローチは、検査の諸々の特徴に応じて状況を最適化するために実施されうるさま

1 〔訳注〕フランスの心理学者。アルツハイマー病における記憶の問題などを中心に老年心理学を研究している。

ざまな適合や介入を行うなかで、臨床家と共有される果実となってゆく」[1]。

認知能力や知的能力の駆動がわずかでもおぼつかなくなっていることを示されることは、きわめて動揺させる経験になりうるだろう。その原因は、自律性を喪失することの脅威や、もはや自分を信用できないという恐ろしい不安があるからでもあるが、知的能力が、学校教育の低学年以来、自尊心と根本的に関わってきたことに由来する。成功することや失敗すること、他者より抜きんでることや他者に後れをとることは、その影響がどのようなものとなりうるかを必ずしも測定できないような体験である。高齢者が、かつては若い男性であり若い女性であったこと、それより前には幼い子どもであり思春期の少年少女であったこと、失敗や成功を体験しただろうということは、あまりにやすやすと忘れられる。おそらく全員ではないだろうけれど、なかには、戦争や経済的困難によって、就学を続けることや、（本人の能力に見合ったものではないとしても）希望に沿った高度な専門的キャリアの選択を妨げられた人たちもいた。これらのすべてが、ありふれたものであれ際立ったものであれ、自分が抱える困難に向けられる注意のなかで、控えめにであれ騒々しくであれ、何らかの役割を演じている。主体が自分自身のベストを出すよう求められる心理学的検査のような、評価される状況において、他人と比較される場面を思い起こすことは、痛ましいものでありうる。しかし、それはまた、たとえ認知パフォーマンスがもはや自分が理想とするほど高いものではないとしても、ときにその人自身にとってきわめて驚くべき仕方で、思考し、集中し、教示に従って心理テストを受けるという大きな楽しみが得られる場所ともなりうる。

Ⅲ　労働と社会的因果性

老化は、社会的に構築されるものでもある。それはとりわけ、平均寿命が一九五〇年代から二十五歳上昇し、それが原因となってひとつの強大な社会集団がつくりだされ、今日定着するようになったからである。[1] しかし、「第三期」や「第四期」[2]といった呼称に、いかなる一般化可能な現実が対応しているのだろうか。年齢が同じということだけを理由にして、今日の八十歳の主体と十九世紀に八十歳だった主体を、同じ平面に置くことは妥当だろうか。世代的な影響は無視できないし、社会的可視化とそこから生みだされる表象は、それぞれが自分たちの「老人」としての状況をどのように生きるかということに関して重要な役割を演じている。少し前までは、西洋社会において、病気や生活状況の困難を原因とする死のリスクは、老いた主体だけに関わるものではなかった。むしろ、老いた主体は、そのようなリスクを生き延びた者たちだった。古代および近代の社会は、しばしば、高齢者に賢人や助言者という立場を与えさえした。今日でもそうだと言えるかもしれないが、私たちは「シニア」の雇用という重要な問題を目の当たりにしている。実際、行政による基準だけに基づいて高齢人口を定義すると、関係して

1　Gély-Nargeot, 2012, p. 83.〔巻末参考文献【51】〕
2　〔訳注〕「第三期」とは六十五歳から七十九歳までの人生の時期を、「第四期」とは八十歳以降の人生の時期を指す。

いる要因の複雑さの大事な部分をすべて端折ってしまう危険がある。たとえば、現代社会において老いの入り口となる年齢を指し示すために用いられることもある退職年金満額受給資格年齢の基準は、人為的ではないにしてもひどく単純化された基準であるように思われる。実際のところ、社会的観点からの老化の考察には、生物学的因果性の観点からの考察と同様に、諸々の利点と限界がある。

労働は、愛と同様に、人間の条件のひとつの不変の要素であり、アイデンティティの保証となるものである。多くの男女がそのなかに、生きる理由や情熱を傾ける理由、さらには自分を開花させる理由、そしてそれだけでなく苦しむ理由をも見いだしている。クリストフ・ドゥジュール[1]は、とりわけ次のことを示してきた。すなわち、どれだけ労働が、信頼関係や快／不快、さらにはプライドやスケジューリングを定着させる役割を演じているのか、そしてどれだけ労働が、作業の単純な遂行には還元されえず、技巧や創意工夫を必要とするのか、そして欲望と苦しみ、選択と制約の問題が、いかにして労働と密接に結びついているのかということを。結局のところ、労働とは、

「欲望」から「欲望の満足」へと進むこころの仕組みにとっての重要な要素である。労働は、それゆえ、主体の乳幼児期の歴史と複雑に関係している。というのも、単に主体の歴史や人格と調和しているだけでなく、欲望を増大させ、明確にするための、具体的な支えであり機会でさえあるからである。これらの場合には、労働に対する人間の特権的な関係を壊すことによって、同時に、欲望のダイナミクスや主体と現実の弁証法までが脅かされてしまうということは、理解に難くない。[2]

労働は、それが昇華[3]の能力によって代替的な満足をもたらすものであれ、主体の乳幼児期の歴史や主体の現勢的な問題の葛藤に関わる対抗備給の場所であれ、欲望をはっきりさせたり静めたりするものであれ、結局のところ、ひとつの均衡の場所である。この労働という均衡の場所は、柔らかくゆとりのあるバランスを前提とすることなく、性差や世代差に関する問題、つまり、女と男の間、若者と年寄りの間、新人とベテランの間、下役と幹部の間の服従／支配関係に関する問題に直面して、複雑で多様な補修機構を作りだすのである。

労働や行動、生産性や能率、ノウハウや世界の道具的支配、有用性や有能性、（多産性とまでは言わないにしても）生産や報酬といった表象や価値は、若さの特権としてみなされるが、リタイアによって――自らリタイアするのであれ、リタイアさせられるのであれ――そうした表象や価値が、打ち砕かれることになりかねない。リタイアした人のなかには、その経歴ゆえに必然的に尊敬を受けるべき人もいる。

---

1 〔訳注〕フランスの精神科医、精神分析家。『労働――精神の損耗』（一九八〇年）、『まずは、身体』（二〇〇一年）などの著作で知られる。
2 Dejours, 1983, p. 1875.〔巻末参考文献【28】〕
3 〔訳注〕こころの防衛機制のひとつで、性欲動が、性的ではない活動、たとえば学問、芸術、宗教などの形で満足を得ること。

そして、社会的コミュニティのなかには、ときに自分たちが役に立つ役割に組み込まれることを正当に要求するきわめて活発なシニア団体がある。それにもかかわらず、社会から伝達されてくる表象がより一層関心を抱いているのは、これからイニシアティブも活力も欠いていき、一日の空虚さや単調さに、つまり、もてあますことしかできない自由や日々の時間の空虚さや単調さに直面する、そんな孤立した老人というイメージである。非活動的で非生産的な高齢者は、集合的表象のなかでは、依存的であり、知的および肉体的なパフォーマンスの低下の犠牲者、厄介者、さらには脆弱な経済社会にとっての寄生者である。このように、高齢の人間は、若者が経験不足や若さゆえに知らないことを知っている者ではないのかもしれない。その人が獲得した否定しえない経験や知識も、増大する脆弱性を補うのに十分ではないのかもしれない。目に見える集合的な水準では、老いゆく大人の世代と若者世代は、お互いをなかなか理解したり了解したりできないものであるが、彼らはときに真の共謀者でもある。それはあたかも、必ずや作動する逆同一化[1]を超えて、彼らが互いに、諸々の変化——それは相手の側の変化である——の主観的な深刻さを感じ取り、尊重し、認識するかのようである。実のところ、今日の若者は、「子どもたちにとってだけでなく、大人たちにとっても、モデルの一地位」を与えられている。「しかし、大人たちのコミュニティは、技術や社会の進展がもたらす絶えざる変化を考慮するモデルを自分たちでは提示することができなくなっている[2]」。それだけに、老いゆく大人のコミュニティにおける立場もより脆弱なものになるおそれがある。

しかし、リタイアは、何らかの拘束からの解放、時間の新たな区切り、新たな基準の確立の可能性、ときにきわめて長い間押しとどめられていた快の備給、新たな恋愛経験、こういったものへの扉でもある。しかもそれらは、自己自身の連続性が全くもって不確かなものとなるようなダイナミクスのなかで生じる。リタイアはそれゆえ欲求を引き起こす。

重要なのは、このような表象について考え、その表象がこの状況に直面する人々の経験とどのように絡み合いうるかを検討することである。それと共に、不当な一般化に屈さず、各人の内的現実に応じて実現される補修の特異性を常に念頭に置くことも重要である。白髪や皺を初めて見つけることや、シニアカードやインフルエンザワクチン無料接種券が交付されることは、ただちに老いさせるのではなく、ひとつのプロセスが進行しており、それが他人事ではないということを教えてくれる。子どもが結婚し孫ができること、より年配の者にとっては曾孫の誕生、上の世代の家族の死、同世代の友人の死、兄弟、姉妹、配偶者の死、これらのこともまた、重大な現実を示す出来事である。このように、老化は、多くの人々にとっては根本的に過酷でつらい経験であるが、しかし解放的な補修を行うことができる者もい

1 〔訳注〕同一化(identification)は愛する対象を取り入れて自分のものにするこころの働きであるが、逆同一化(contre-identification)は反対に、忌み嫌う対象のようにはなりたくないと思うこころの働きである(いわゆる「反面教師」)。

2 Emmanuelli, 2005, 17.〔巻末参考文献【30】〕

る。つまり、葛藤を生みだしている問題をワークスルー[1]し、その問題を克服することで、葛藤を和らげられるのである。アンドレ・ジッドは『かくあれかし、あるいは賽は投げられた』のなかで、「私は恐ろしくなる、それは私に耐えがたい憂鬱を差し込むのだ[2]」と記しているが、ポール・クローデルは「八十歳！　もはや、目も、耳も、歯も、脚も、呼吸もない！　とどのつまり、それらなしでやっていけるというのは、驚くべきことである！[3]」と述べることができる。

Ⅳ　心的因果性と心的時間性

一九〇四年に刊行された「フロイトの精神分析の方法[4]」と「精神療法について[5]」のなかで、フロイトは、分析すべき素材があまりに多く、それを行うための時間が足りないこと、そして、心的プロセスの可塑性が欠けていることについて言及している。このとき、著者はまだ四十八歳にすぎない。要するに、精神分析はまだとても若く、その利点や限界はいまだ測り知れない時代のことだ。フロイトは、反対に、より熱狂的で楽観的な主張をすることもできただろう。実のところ、老いの試練の痕跡が見いだされるのは、フロイトの学術的著作のなかではなく、むしろ、近親者や親しい友人に宛てた手紙のなかである。フロイトは、老いることがいかに苦しくつらいかを彼らには語ることができた。「もう自由に煙草を吸えなくなってから、私は何も書きたくありません。あるいは、年齢によってもたらされた無能を隠すために、この口実を用いているだけなのかもしれません」[6]。七十九歳になったフロイトは、アルノルト・ツヴァイク[7]にこのように告白している。「私はあなたよりも十歳年上で、私の創造力は枯れてしまいました。結局、私が差し上げられるのは、「かつてよりよい日々を経験した」精彩のない男からの贈り物です」[8]。同年、複数の卓越した作家たちが、フロイトの八十歳の誕生日を機にひとつのテクストを書いた。フロイトは、それについて、シュテファン・ツヴァイク[9]に次のように述べている。[10]

---

1 〔訳注〕主体が自身のうちにある葛藤や課題に徹底的に向き合い、自分自身を再発見してゆくこころの作業のこと。
2 Gide, *Ainsi soit-il ou Les jeux sont faits*, Gallimard, 1952, p. 54.
3 *Journal*, août 1947, Paris, Gallimard, 1969, t. II, p. 607.
4 〔訳注〕『フロイト全集6』岩波書店、二〇〇九年、三七七—三八四頁。〔巻末参考文献【38】〕
5 〔訳注〕『フロイト全集6』岩波書店、二〇〇九年、三九七—四一二頁。〔巻末参考文献【39】〕
6 Freud and Zweig, 1927-1939, 145.〔巻末参考文献【48】〕
7 〔訳注〕ドイツの作家。『ハンガリーの儀礼殺人』(一九一五年)などの作品で知られる。
8 Freud, 1936, p. 329.〔巻末参考文献【46】〕〔訳注〕「ロマン・ロラン宛書簡——アクロポリスでのある想起障害」『フロイト全集21』福田覚訳、岩波書店、二〇一一年、三一三頁。
9 〔訳注〕オーストリアの作家。『マリー・アントワネット』(一九三二年)などの作品で知られる。
10 Freud, *1873-1939*, p. 468.〔巻末参考文献【37】〕

あなたがトーマス・マンと協力して制作してくれた美しいメッセージと、ウィーンでのマンの言葉は、これほどの高齢に達したという事実と私が和解することを可能にしてくれた二つの出来事でした。[…] それなのに、私は惨めなことや老いの悲惨さに慣れることができず、ある種のノスタルジーを抱えながら、無への道を思い描いているのです。

この強烈な文章からは、脆くて不安気なフロイトが見てとれる。それは、自らの生の源の枯渇や、さまざまなものを奪っていく老化の容赦のなさを告発する、そして、予想される別離や、精神的に脆弱で無力な自己イメージへの直面といった、つらい作業に最後の瞬間まで耐えなければならない、そんなフロイトである。

しかし、心的老化についてのいかなる考察も、身体や社会的地位の「老いた」状態にだけ、つまり、えてして硬直し衰えていると判断されるような状態にだけとどまってはいけない。それは必ずや、生の危機や移行の経路のダイナミクスについて考察することになり、心的生活における変化と不変性という問いを鋭く問題化する。老化を経るなかで潜在的に動員される心的作業では、実際に、快や満足の関係や、自己への備給や対象備給の関係から多少なりとも解放していくような、諸々の段階の補修が再び行われる。幼児期と青年期に固有の諸々の心的経験からなる、複雑で、ダイナミックで、葛藤を引き起こす凝集物は、老化の経験のなかで、とりわけ青年期と成人期に獲得されたものが不安定であることがあらわになるとき、新たに問題化されうる。しかし、私たちは、心因論的仮説を提唱するようなある種の不幸な偏った考え方に注意しなければならない。それは、幼児期の発達の困難を強調したり、トラウマ的な効力が生じうる環境的出来事を不完全な因果論的観点から非難したり、不調がちな、あるいは横暴な親や、あまりに一緒にいすぎる、あるいはあまりに不在すぎる親を追い詰めたりするような考え方である。そのような心因論は、客観視できる要因を、つまり発達のプロセスに線形的に影響を与える病因となる出来事を探求することになる。しかし、それは、非常に危険であるばかりか、内的現実や無意識的なこころの働きのダイナミクスよりも、外的現実を重視するものである。

1．過ぎ去る時間と「過ぎ去らない時間」[1]

たしかに、時間は、継起し、入れ替わり、反復する時間の目盛りによって、意識に刻印を残す。それは、「指の間を通り抜けていく年月の知覚、砂時計のなかの砂粒の眩暈がするような落下の知覚、私たちの日々や固有のリズムの知覚、私たちが自らの身体と精神がますます力強くなったり弱くなったりするのを感じたりするときの、その身体と精神の知覚」[2]といった、私たちの習慣的な知覚の時間である。このように、時間とは、それの結果としてある種の老いが生じるものである。私たちは、変化や変容を時間のせいに

1 Pontalis, 1997.〔巻末参考文献【90】〕
2 *Ibid.*, p. 12.

し、ある種の安定性や永続性が観察可能であることをときに忘れる。いくら時間が過ぎ去っても、とどまるもの、反復するものがあり、そこで退行して、「プログラムされた発達のラインに従って形作られるよう個体発生的に決定されている時間性の制度」[1]を実際に逃れるものがある。このように、苦痛を伴っていようとなかろうと、こころの機能のあり方についての精神分析的理解の要のひとつは、過ぎ去る時間の線形的あるいは循環的な展開とは異なる時間性を考えることである。というのも、こころを活気づける無意識のプロセスは、このような時間によっては特徴づけられも、導かれも、編成されもしないからである。

それゆえ、同時に共存するさまざまな時間がある。過ぎ去る時間もあるが、過ぎ去らない時間もある。依然として存在する過去の時間は、たとえ、こころの機能のあり方の特徴が過ぎ去ることや変容することの不可能性にあるように見えたとしても、依然としてそこにある死せる時間のように理解すべきではない。その特権的な例は、実存——あるがままでいたり、安心して変化したりするために必要な、わずかな完全さを保証するものの所有——の連続性の感覚がきわめて脆弱なので、強迫的に凝固し、反復するものである。反対に、ポンタリスが主張するように、この過去の時間は、「現在形の源である。この決して枯渇することのない生き生きとした源を、フロイトは乳幼児的なものと呼ぶ。[…]この乳幼児的なものには年齢がない。それはいかなる場所にも、いかなる指定可能な時間にも相当しない」[2]。このような過ぎ去らない時間は、過ぎ去った時間、永久に通り過ぎてしまった時間に属すと信じられている諸々の問題を、再び現勢化したものとみなそうとする。「それゆえ、このような観点から見れば、生の流れが、その生の流れから独立した主体がその傍観者であるような、多少とも規則的な「時間の流れ」という形で、私たちに現れることはほとんどない。観察すべきものとして私たちに与えられるのは、むしろ、活発なバリエーションの総体であり、主体が心的装置の内側で占めることができる諸々のポジションの変化であるといえよう[3]」。

このように、老化のトラウマ的な要因は、老化に固有で明白だと思われているものには還元されえないだろう。明らかにトラウマ的だと思われる現勢的な出来事があったとしても、トラウマ的な加工されざる別の時間の次元を、進行中のプロセスのなかに隠してしまってはならない。その別の時間は、内的な源を持ち、現勢的な出来事をきっかけとして衝撃を与え、それでようやく気づかれるようなものである。それゆえ、過去が現在にもたらす単純な因果的効果が問題となるのではない。トラウマの心的処理能力をはみ出し、緊張や苦痛やさらには症状の構築を引き起こすものは、ある回帰のようなものとみなされなければならない。その回帰とは、上流で起こった衝撃が、下流で起こった衝撃と連動、合流、協働することであらわにされ、反復し、再び現れることである。多かれ少なかれ平穏な均衡を撹乱する衝撃は、別の時間ではできなかったこころの作業に再び取りかかることを潜在的に可能にする。それは「過

1 Green, 2000, p. 35.〔巻末参考文献【56】〕
2 Pontalis, 1997, p. 32.〔巻末参考文献【90】〕
3 Bianchi, 1987, p. ix.〔巻末参考文献【12】〕

去を変化させ、過去についての語りを刷新する」[1]ためであり、究極的には、過ぎ去ったものを現在形で生きることによってそれを自分自身のものにするためである。もっとも、それは、抑圧や分裂や投影によって、多かれ少なかれ構造化された形で、これまで遠ざけられてきたもの、おそらく一度も変容しえずに蒼古的な荷重を背負ったまま、老化の事後性によって再活性化されて心的光景へと甦ってくるものを、心的装置によって捉え返せるならばであるが。そして、その心的装置がトラウマの再出現によって試練に晒され、圧倒されたときに、脆くなりすぎてなければであるが。このように、線形的な時間の観点から見れば非常に遠く離れている二つの心的出来事は、精神的空間のなかではきわめて近接しうるのである。こころの機能をこのようにダイナミックに捉えることは、高齢の人たちと治療作業を行ううえで、臨床的にも治療的にもきわめて意義がある。というのも、一方では老化をその人の歴史の流れのなかで考察し、他方では乳幼児期の葛藤の再現勢化を変容や加工の機会としても考えるからである。それは、結果的に、必ずしも明白でも騒々しくもないこころのあり方や問題に耳を傾ける手段をもたらすことになるだろう。

さらに、ロジエ・ダドゥン[2]とジェラール・ポンティユー[3]は、次のように力強く明確に主張している。

老人は、「幼児期に回帰する」のでも「幼児がえりする」のでもなく、最低限の良好な健康を享受する機会がありさえすれば、幼児性をかき回すことができるものである。幼児性をかき回すとは、幼児性を構成している特徴的な要素を、そもそもの状況と目的においてやり直すということである。

老人は、宙吊り状態になっている潜在能力、欲望、価値、激情を、再発見したり取り戻したりしようとするだろうし、ためらうことなく――なぜためらう必要があるというのか――幼児期の負債を返済し、問題を解決しようとするだろう。つまり、古く、苦しく、よどんだ均衡を問い直し、揺り動かし、転覆しさえしようとするだろう。[4]

このような、主体の統一性と唯一性を統合する再編成の潜在的な豊かさのおかげで、治療的な寄り添いを、以下に見る三通りの幼児性のケアの仕方として、同時に考えることができる。まず、患者のなかにある苦しんでいる子ども（こころに常に住みついて、ときに傷ついたものであり、時間を超えた乳幼児的なもの）をケアすることとして。次に、患者を幼児性によって（患者にとって支えである幼児期の経験へ回帰するなかで）ケアすることとして。そして最終的に、患者の幼児性を（とりわけ、ときに頑なでさえある全能性や不死の理想を）ケアすることとして。これらは、自分自身の喪の作業に通じる開かれた扉である。[5] その扉の周

1 André, 2010, p. 106.〔巻末参考文献【5】〕
2 〔訳注〕フランスの哲学者、精神分析家。『政治的精神分析』（一九九五年）などの著作で知られる。
3 〔訳注〕フランスのジャーナリスト。『ジャーナリストの仕事』（一九九八年）などの著作で知られる。
4 Dadoun et Ponthieu, 1999, p. 75.〔巻末参考文献【25】〕
5 Talpin, 2013.〔巻末参考文献【99】〕

りには、消失の危機に瀕しているものを保存したくても後戻りできないことや、アイデンティティの統合性に関して大きな犠牲を払わない限り現在体験されているものから逃れられないことが立ちはだかっている。

現勢的なものと乳幼児的なものの間に、つまり、うまく逃れたいという当たり前の切望と逃れられないという不可能性の間に、こころの老化のパラドックスがある。このパラドックスは、内的な矛盾に満ちているが、常に特異な妥協案を生みだすことができる。この複雑なダイナミクスこそ、常に考慮しなくてはならないものである。たとえば、過ぎ去る時間、その効果が、日常生活の出来事と向き合うなかでもたらされる効果と錯綜しながら、肯定的なもの（学習、成熟）や否定的なもの（消耗、荒廃）になりうる時間がそうである。このような効果は、心的生活を活気づける。心的生活は、多くの人にとって線形性も秩序立てもほとんどない時間性によって動かされている。このような時間性は、心的な内容物だけでなく、制御できない興奮をも再現勢化する。そのような興奮は、最終的には飼いならされるだろうが、もしそうならなければ、蓄積されて浸透し、心的装置を執拗に攻め立て、疲弊させる。そして、どうにかして心的装置の恒常性を安定化させようとして、心的装置にトラウマを埋め合わせることや、トラウマに対抗備給することを強いる。

2. 現勢神経症のパラダイムの意義と限界

現勢神経症のパラダイムによって考えやすくなるのは、とりわけこころの老化の複雑性、つまり、こころの老化を活気づける時間性や、そこで働いている因果性である。

フロイトは、実際に、現勢神経症（不安神経症、神経衰弱、心気症）と、防衛‐精神神経症（転移神経症――ヒステリー性神経症、強迫神経症、恐怖神経症――を含む）を区別している。防衛‐精神神経症は、事後性の刻印を受けた心因的病因を持っており、複雑に連合した経路を通じて葛藤を覆い隠すことができる心的機制を駆動させることで、象徴的な厚みのある症状を展開する。現勢神経症は、反対に、三つの主要な点によって特徴づけられる。第一に、心的装置の無能力性である。急性であれ慢性であれ、強力な性的緊張――そこには、意図的な断念という性質はなく、欲求不満の興奮状態（パートナーの不在、身体的不能）にとどまり続けるよう主体に強いる偶然の一致という性質がある――を制御し処理することができない。第二に、身体と関わっていることが特徴である訴えかけるような症状表出（無力症、疼痛、めまい、突発的な不安発作、等々）である。第三に、ひたすら現勢的な代償不全の源泉である（ジェームズ・ストレイチーは、英語版『フロイト全集』〔The Hogarth Press, 1966〕の注釈で、現在の神経症〔present-day neurosis〕と名付けている）[1]。

1 〔訳注〕ストレイチーは、たとえば「神経症の病因論における性」の英訳で、現勢神経症の病因について述べられている箇所に出てくる「現勢的〔actual〕」という語に「すなわち現在の〔i.e. present-day〕」と訳者挿入している。Sigmund Freud, "Sexuality in the Aetiology of the Neuroses," in *S. E.*, Vol. III, The Hogarth Press, 1962, p. 179. また、日本語版『フロイト全集』では、この箇所は「現に存在している」と訳されている。「神経症の病因論におけ正常な老化にも病理的な老化にも身体症状は現れるし、潜在的な不安の源泉の明白な現勢性（孤独、孤立、身体的脆弱性、備給対象の喪失、死の見通し）、そして加齢の進行によるこころの機能の弱体化についての表象――ただしあまりに一般化されすぎているが――は存在している。そうした理由から、現勢神経症のパラダイムが、老化の精神病理の特殊性を思考するうえでの特権的パラダイムであるということが明らかになり、転移神経症のパラダイムはないがしろにされてきた。クロード・バリエの次の言及は、このことを正当化する。「人生のこの年代は、その人自身のうちに、そしてその人の環境との関係のなかに多くの変容が見られる」[1]。そのうえで「大部分の老いの病的状態に見られる非葛藤的特徴が、おそらく臨床家たちを当惑させてきたのだろう」[2]と強調している。アンリ・ビアンキは、高齢の主体の臨床を「破局の救急」[3]にたとえている。

たしかに、高齢者の振舞いは、身体的および行動的な表現の水準において顕著に目立つ（疲労、注意や集中の困難、疼痛。根底に恒常的な不安があるが、突発性の不安発作を伴う。それは特に自律神経症状の強い表出を呈する不安発作で、しばしば夜に出現し、脅威を感じて死が切迫している印象が優勢となる）。とりわけ医薬品をたくさん消費するのは高齢の患者であり、断固として同じ薬を処方してもらおうとする人や、さらに言えば自己多剤投与の愛好家がいる。たしかに、日常生活が、孤独や、自律性の喪失に特徴づけられている高齢者がいて、病いや、死や、日々の些事に保険をかけながら過ごす余命にまつわる明白な心配がある。臨床家は、このような高齢者に対して、具体的な生活状況や外的出来事に関わる思考とは別の思考をなんとか駆動させようとする。前者の思考は、一方では内的現実を利用することに抵抗する障害となるが、他方では、幻想の形成や情動と表象の連結に関する本当の困難の代わりとなっている。

しかし、現勢神経症のパラダイムは、あらゆる高齢者のこころの機能を解明する方法にはなりえないだろう。というのも、現勢神経症のパラダイムでは、生き生きした様態やこころのなかの葛藤がなく、現勢的なものと乳幼児的なものを結びつける事後性のダイナミクスが機能しないことになっており、象徴的な価値を持つ妥協形成に続いて症状が表出しない点で際立っているからである。たしかに、老年学の臨床において遭遇する症状および症候群に見られる病像は、若年成人の臨床におけるそれよりも読み解きやすいものではない。ウレス、[4] ミュラーとヴェルトハイマー、[5] モンフォール[6]をはじめ、ほかにも実に多くの者が、高齢の人たちの呈する抑うつや神経症の状態における非定型的で曖昧な次元を強調している。それらには、しばしば身体との関係、全般性不安や疲労などの特徴がある。専門家たちの間では、現勢神経症の臨床は、まずはかかりつけ医によって行われることが多く、臨床心理士や精神科医は第二

る性」新宮一成訳、『フロイト全集3』岩波書店、二〇一〇年、三〇七頁。
1 Balier, 1979, p. 638.〔巻末参考文献【10】〕
2 Balier, 1976, p. 124.〔巻末参考文献【9】〕
3 Bianchi, 1987, p. 64.〔巻末参考文献【12】〕
4 Oulès, 1970.〔巻末参考文献【79】〕
5 Müller et Wertheimer, 1981.〔巻末参考文献【76】〕
6 Monfort, 1999.〔巻末参考文献【75】〕

段階として依頼されることが知られている。しかし、臨床の複雑性が、相当な診断学的慎重さを正当化するなら、症候学が臨床での出会いを探求するための唯一の領域ではないことを忘れてはならない。そしてまた、こころの機能のあり方や、心的装置のダイナミックな組織化、そしてそれらを突き動かす諸々の問題群やプロセスについての分析が、人のリソースや脆弱性を深く掘り下げかつ妥当な仕方で把握するための、そして必要であれば、治療方針を検討するための、貴重な要素である点も忘れてはならない。

第二章　心的装置

老いは、幼少期、思春期・青年期、成熟期に続いてやってくる経験である。いまや年老いてしまった人は、過去の積み重ねによって潜在的には豊かであるが、そのためには多少ともその人たちの語りに耳を傾けねばならない。時間は、学習や感化の経験、構築や強化の経験を積むよう試練を与える。それは、時間の不確かな影響を受動的に待っていては果たされないもので（持続という考え方が、生理学的・社会的・心理的プロセスの展開にとって重要だとしても）、心的作業がゆっくりと複雑に、反復や停滞や退行しやすい状態で繰り広げられるなかでなされる。心的作業が進むと、自分に固有の指標や内的一貫性を少しずつ見いだし、最終的に確立に至る。最も良いケースでは、存在の連続性が、主体にとってそれなりに平穏で確かな感覚をもたらす。それゆえ、老化や心的構造の摩耗といった考えは、現実や外的対象と絡まり合う内的な歴史や内的ダイナミクスを十分に考慮しないと思考できないことがわかるだろう。相反する要請の間で、つまり、心的作業がもたらし明るみにだすこころのリソースと脆さの間で、不安定ながらも均衡を保つよう絶えず努力がなされている。そのため、頑固で騒々しい機能様態に凝り固まったような人もいれば、変化の可能性に対して何ら厭うことなく常に柔軟に屈託なく補修できる人もいる。

I 自我

そこで、ロルムランは、さらに明かりを近づけながら、ちょうど虫眼鏡で不思議な物体を観察するときのように、自分の姿を見つめた。そして、今まで自分ではちっとも気づかずにいた無数の小皺や、みにくい肌荒れを発見した。そこで、彼は自分自身の前、われとわが憐れむべき姿の前に、がっかりして座り込んだまま、つぶやいた。「ロルムラン終われり」。

——ギ・ド・モーパッサン『終われり』[1]

思春期と同じように、老いにおいては、特にそれにまつわる数多くの変化のせいで自分が同一化しているものは何なのか、自分とは何者なのかがわからなくなってくる。しかも今回は、たとえ致死的な病いを患っていたとしても(というのも、老いには生に共通する展開があるから)、きわめて特異的に、これまで決して体験したことのないような形で、老いは生の有限性をよりはっきりさせる。なぜなら、いつかは存在しなくなるからだ。そこでは、自我という心的審級にとって大きな変動が生じる。それは、個々に固有の体質的な欲動の力によってもたらされるものだが、しばしば過剰で飼いならすのが困難な場合もある。そういった自我にとって都合の悪い修正（解体や制約）は、不安との対決のなかで生涯にわたって獲得されたものであり、それによって、心的な恒常性（ホメオスタシス）や快をなんとかして確保してきたわけである。忘れてはならないのは、フロイトはそのことを一九三七年の、成熟についての秀逸な文献『終わりある分析と終わりなき分析』のなかで、生に内在するトラウマのインパクトとして改めて指摘していた点である。

フロイトは、主体の統合性が、表面的なものにすぎないことを明らかにした。いわゆるアイデンティティの基盤にある複雑な心的装置は、緊張、さらには葛藤状態にある複数のシステムや審級における対立、同一化、分化によって構築されている。自我それ自体が、きわめて複雑なものであり、意識的でもあり無意識的でもあり、また内的にも外的にも開かれている。そして、エスと超自我、ソーマとソキウス[2]、生活上の必要性と欲動の要請とのはざまに立って、自我が直面せねばならないさまざまな要請の相違に対して均衡を見いだして維持するために、統合、凝集、加工を絶えず行うようにする。それゆえ、老いは、こうした能力を試練に晒す。老いとは、単なる喪失に関わる事柄であるだけでなく、創造力を引きだす再補修と変容に関わる事柄なのである。自我は、自らにやってくるものをわが物とすることが

1 Maupassant, *Fini*, 1885.〔訳注〕『モーパッサン全集10』春陽堂書店、一九五六年、二一五頁。
2 〔訳注〕ソーマ（soma）はギリシア語で「身体」、ソキウス（socius）はラテン語で「仲間」を表す。

できるだろうか。つまり、自我が常に知っていながら、全く同時に、しばしばすすんで目を逸らしてきた醜態を、わが物とすることができるだろうか。自我は、現実を否定しないことはできるが、だからといってそれを全く知ろうとしないなどということは可能なのだろうか。自我は自己保存の心配をしつつも、そうした運動を容認し、備給を再びくり広げることができるだろうか。それとも、リビドーの粘着性によって自分のアイデンティティにしがみつきかねないのだろうか。リビドーとは、保存的な硬直性を助長するものなので、予想外のものはすべて不安、あるいは、繰り返し反抗する必要があるものとみなされてしまう。

「自我とは、まずもって身体的自我である」とフロイトは主張し[1]、自我の構造の基盤が、支え、接触、愛撫、授乳、ケアといった最初の経験のなかにあることを強調する。そうした基盤によって、自我の異なる部分同士の関係、心的装置の多様な審級間の関係、そして主体と客体の間の関係が連続的につながってゆくことがいくらかの効果と共に確実になる。しかし、老いは、すでに見てきたとおり、生物学的次元のみならず関係性の次元でも生じる変化の試練の中心に、身体を据える。また、老いは、興奮や緊張の主要な源泉となるが、そのせいで、老いを延期する現実的な可能性はないにもかかわらず、ますます定期的で密な扱いが必要になる。ところで、フロイトは「抑制された熱情は、あなたを摩滅させるか、古い自我の残渣を摩滅させるのです。七十八歳で新しい自我を作りだすのは無理です」と、ルー＝アンドレアス・ザロメに打ち明けている（一九三四年五月十六日の手紙）。一九一四年からすでに、フロイトはアブラハム宛に、たとえば、以下のような手紙を書いている。「たえず、私は体の具合が悪くて、働く意欲がありません〔…〕。あなたのお子さんたちが、いまは完全に回復していることを願っています。そして、あなた御自身と奥様もまた、その若さとよき関係にふさわしいだけの健康を享受することを願っています。私は昨日、五十八歳になりました」[2]。子どもを亡くしたアーネスト・ジョーンズに対し、フロイトは次のような手紙を書いて、フロイト自身が幼い孫息子ハイネルを亡くしたときに体験した深い悲嘆の苦痛についてさりげなく言及している。「幼いハイネルが死んだときにはじめて、私は人生に疲れました。ハイネルとあなたの小さなお子さんとのあいだには非常に特殊な一致点があります。〔…〕あなたとあなたの奥様はもちろんたいへんお若いのですから、人生に対する愛着を十分に取り戻されるでしょう。〔…〕「老」と「若」は、人間の心的生活が作ることができる最大の対立物であるように今の私には思えるのです。この発言は意外にも、「それぞれの代表者〔老人と若者〕の間の理解は不可能です」と言うまでに至る」[4]。こういったわけで、自我は、自らに課される連結や加工という強烈な作業[5]に、なんとかして向き合おうとすることができる。さらに付け加えるなら、ただただ修正するだけにならないよ

1 **Freud, 1923.**〔巻末参考文献【**42**】〕〔訳注〕「自我とエス」『フロイト全集18』岩波書店、二〇〇七年、二一頁。
2 **Freud et Abraham, 1907-1925, p. 294.**〔巻末参考文献【**47**】〕
3 〔訳注〕フロイトの娘ゾフィーの息子、粟粒結核で死去（一九一八―一九二三）。
4 〔訳注〕マックス・シュール『フロイト――生と死〈下〉』誠信書房、一九七九年、一三五頁。
5 〔訳注〕共にフロイトが提起した、心的表象（こころに思い浮かぶ観念やイメージ）を扱うこころの働き。連結とは、複数の心的表象を結びつける作業。加工とは、ある心的な表象を別の形に変形させる作業。

うに大規模な抵抗が生じることもある。そしてときには、生活上の制約や現実を前に、もはや巧みに切り抜けることができず、さらには自らの指標や対象に依拠できなくなってしまう。そうなると自我は、自らのなかに支えてくれるものを見いだし、ナルシス的な次元で満足感をもたらしてくれる対象を強く希求するのがきわめて困難となる。

自我の喪？

ここで提起される主要な問いのひとつは、どのようにすれば自我が、自らを守り、次のようなことをうまくやりきれるかということである。すなわち、緊張をどうにかして減らし、問題が起きたときに作動でき、自身が不死身であるという錯覚を部分的にでも諦め、死以上には潔くなれないことを受け入れ、それでいて過剰に脱備給したりはしないことである。自我の喪の作業がなされるのは、極端にトラウマ的な経験が理由ではなく、老いの潜行的かつ不可避な経過のためである。その作業を進めるなかで、保護的な境界を設定して、こころや間主観性が機能し続けられるようにできる場合もあれば、自らを攻撃して意気消沈し、心的な苦悩状態に陥る場合もあり、それらの間を揺れ動く。それは、自我の一部分を断念、または分離させる積極的作業と、失われた体験の穴を埋めることとの間で行う繊細な折衝であり、自我はそれによって破壊されることを免れるのである。

自我による自我の喪の作業は、それゆえ、必然的に矛盾をはらんでいて、脱備給と備給の維持とで作られる繊細で脆い均衡によってのみ成り立つ。そのような均衡は、断念はしても、放棄するようなことはなく、おそらくはフランソワ・モーリヤックであれば、次のように言うことができる。「死への準備をするとは、我々をしばる絆の一つ一つを自らの手でほどいておくことである。できるだけ多くの纜《ともづな》を切っておくことだ。突如として風が出たとき、我々がそれに抗うことなく風が我々を運び去るように。我々の内部で行われ、外には現れない離脱。外面の生活はいささかの影響も受けない」[1]。こうしたダイナミクスによって、内と外を切り替える能力、さらにはこころを保護する能力が確実に問われることになる。それらの力がないと、こころを覆う膜が穴だらけになり、侵入・侵略の原因になったり、あるいは、密閉状態になって、対象を受け入れる可能性を蝕んでしまう。対象を受け入れることとは、対象による「刻印」を続けることで、自分を取り巻く世界をわずかでも変容させていくことである。それは、近しい人たちを忘れず、感謝や関心を示し、「そこにいてくれる」喜びを通してもたらされる。クロード・レヴィ＝ストロースは、九十歳を迎えたときのコレージュ・ド・フランスの同僚たちに向けた講演で、このことを次のように秀逸に語っていた。

モンテーニュは、老いは私たちを日々すり減らし、結果的に、私たちは損害を受けていると言っています。その結果、死が訪れたときには、死はもはや人間の半分あるいは四分の一しか運び去っていかないのだと言います。モンテーニュは五十九歳で亡くなったので、今の私がそうであるような、

1 〔訳注〕『続内面の記憶』杉捷夫訳、紀伊國屋書店、一九六九年、九四頁。

極端な老いについての考えは持ちえませんでした。私はまるで、自分が壊れたホログラムのような感覚です。このホログラムは、もはや全体の統一性を有しておりません。けれども、すべてのホログラムがそうであるように、残っている各部分が、あるひとつのイメージと、全体の完璧な表象とを保持しています。そのようにして、現在の私には、もはや人間の半分または四分の一でしかない現実の私と、いまだに全体の概念が生き生きとしたままの仮象の私とがあるのです。仮象の私が、ある書物の企画を組み立てて、章を構成して、現実の私に「さあ君が、続けるのだよ」と言うのです。現実の私は、もはやできないので、仮象の私にこう言います。「それは君の仕事だよ。全体がみえるのは、君だけだよ」と。私の人生は、現在、非常に奇妙なこうした対話のなかで展開しております。あなたがたの現前と友情のおかげで、少しの間だけでも、(私のなかの)この対話をやめさせることができて、二つの私を再び一致させることができたことに対して、あなたがたに感謝申し上げます。私には、現実の私が、最終的に解体するまでほどけ続けることがよくわかっているのです。けれども、私と握手をしてくださったことに対して、束の間でも現実の私が別なふうである感覚を与えてくれたことに対して、あなたがたに深く感謝申し上げるのです。[1]

このように、離脱は、自我を二分化しつつも再び自分のものとすることでしか表象されえない。自我の一部は、ナルシス的な断念の動きのなかで脱備給されるが、残りの部分は、それを代謝するような働きをする。[2] こうしたダイナミクスによってもたらされえる躓きや抵抗は、しばしば相伴う。自我は、対象を放棄するのと同じように自らを放棄したり（グリスマン症候群）[3]、サドマゾ的な特徴をもった両極端な状態において、対象に過剰備給するように自らに過剰備給したりする（退行期心気症）。憎悪の運命はおそらく、自らの有限性に直面した際の自我の勝利、および自我の破局を有益に読み解く鍵であるだろう。自己保存や自己承認のために闘争する自我がある一方で、あまりに無茶な努力を行う必要性のなさそうな自我もある。同じであること、ずっと変わらないことにしがみつき、自らの要求に応じないすべてのものを貶める「小さな差異のナルシシズム」[4]を特権化する自我がある一方で、反対に、部分的にでも自らの不完全性や未到を受け入れ、他人に対しても、その人自身の道のりを追い求める権利と合法性を協力的に認められる自我もある。

---

1 〔訳注〕『クリティーク』誌、レヴィ＝ストロース九十歳記念特集号での祝賀レセプション（一九九九年一月）（Revue Critique nº 620-621 : Claude Lévi-Strauss, 1999）。

2 Péruchon, 1992.〔巻末参考文献【85】〕

3 〔訳注〕Syndrome de glissement：病気としての老衰（Failure to Thrive）、高齢の虚弱（Geriatric Cachexia）などを指す。

4 〔訳注〕他の多くの点で似通っているにもかかわらず、わずかな差異に対して向けられる敵意や憎悪のこと。攻撃傾向を比較的害のないかたちで手軽に満足させ、共同体の結束を強める目的で用いられる（「処女性のタブー」『フロイト全集16』岩波書店、二〇一〇年、七九頁、「文化の中の居心地悪さ」『フロイト全集20』岩波書店、二〇一一年、一二五頁など）。

II　こころのなかの葛藤

　こころのなかで葛藤が維持される可能性に関しては、非常に際立った観察がなされるかもしれない。葛藤が少ない場合には、現勢神経症のパラダイムが、いかに有益なパラダイムとなるかはすでに見てきた。しかし、心的葛藤やそれにつながる苦痛の割合が緩和されることが、とにもかくにも歓迎されるとしても、審級同士の間の葛藤は、精神病理の唯一の理由となるだけでなく、相反する欲望——しばしば欲望の満足や罪悪感という問題にも密接に関わる——が対立するこころの機能のあり方を説明してもくれる。葛藤は、心的生活の生き生きとした部分を潜在的に物語り、主体と自分自身との関係や主体と他者との関係を構成するものである。しかも、そのあり方は、苦痛や制約といった特徴を持たない場合もある。

　一九二一年に、フェレンツィは、「人は年を取ると、ひねくれて、意地悪で、けちになる」と率直に述べた。その後、多くの精神分析家が、こうした病像の一般化をきっぱりと批判してきたが、その病像があけっぴろげな特徴をもつ表象、それも病理的とは言わないにせよ、年を経るにつれて超自我的な要請が弱くなった表象を歪めて広めてしまった。だいぶ後年になって、イタロ・シメオーヌは、「性的欲望と、加齢に伴うその不可避な減退との間で、展開がもはや見込まれないこころのなかの葛藤の弁証法」の克服を重視している。[1] ジェラール・ル・グエは、「老いゆく存在は、えてして賢明である。それは人徳によるというよりも、むしろ欲求が減少するので、賢明である方がそれ以降は好都合だからだ。実際、年を取るにつれて超自我が和らぐのは、美徳のためというより、その方が楽だからである。なぜなら、肉体的な苦痛が、超自我をはっきりと平穏にする[2]と主張する。ビアンキは、外的現実の重みを強調し、こうした視点を正当化する。運命の日が、禁止を正当化するすべての可能性を弱らせ、あらゆる規則の妥当性を相対化するだろう。「死は、すべての秩序を侵犯する。死に直面して、いかなる禁止が正当化されるだろうか[3]」。数年後、ビアンキは、こころの葛藤が進化を遂げるのは、単純かつ予見可能なダイナミクスによるものではないし、人によっては、葛藤が維持されている場合もあることに再度触れたうえで、全体として以下のような主張を続けている。「超自我は、規則を与えられなくなると、そして、あらゆる活動や表象を打ち砕く現実に直面した際に適切な反応を与えられなくなると、しばしば消滅していく傾向にある[4]」。

高齢者の臨床は多彩で、際立った病像を展開するものなので、単純化や一般化をしないよう留意する必要がある。老いゆく人たちが、審級同士の間で柔軟に折り合いをつけ、真に開放的な価値と快の源泉を——これについては後の章で提起する「母親の胸の内／ホールディングに回帰する幻想」で説明され

---

1 Simeone, 1998, p. 9.〔巻末参考文献【98】〕
2 Le Gouès, 2000, p. 60.〔巻末参考文献【69】〕
3 Bianchi, 1987, p. 64.〔巻末参考文献【12】〕
4 Bianchi, 1999, p. 50.〔巻末参考文献【14】〕

る——手にできることが明らかなら、すべての高齢者において、それも年を取っているというだけの理由で、こころのなかの葛藤によって構成される価値が消え失せているなどとは結論づけないことが肝要だと思われる。また、それゆえに、心的苦痛が少ないことと心的作業がなされていないことを混同したり、リビドー的渇望の柔軟さと幻想の豊かさの減退とを混同したりしないよう注意することも重要である。

したがって、多くの老いゆく人のこころの機能を活性化し、さらには、まとわり続ける罪悪感の重みを過小評価してはならない。なかには、「遅咲きの性格の鎧」[1]や、価値観や規範に強く執着することで、アイデンティティの連続性を確保しようとする人もいる。しかし、先祖の裁きや神の審判といった表象に培われた乳幼児的葛藤が激しく再活性化しているのが観察できる人もいる。そうした表象は、きまって懲罰、さらには劫罰（メランコリー性の代償不全）の不安や、さまざまな限界体験を強力にもたらす。死による主体の解体は、罪悪感の代わりにはならないし、対象を征服する快の問題、ライバルの締めだし、エディプス的葛藤性の近親姦、親殺し的な基盤などが、死に絡められたままなのである。男女を問わず、年老いると、自らの思考、情動、表象を、柔軟に動員しない、あるいはできないことがある。心的葛藤を扱うのは、非常に骨が折れ、つらく、そして疎外を引き起こすものとなり、自由に愛すること、人と知り合うこと、意見が食い違うこと、他者の前で堂々としていられることなどの可能性を損ないかねない。このようなダイナミクスは、重篤で何度も繰り返される障害の源泉となるかもしれない。こうした障害は、こころの機能を大いに傷つけ、さまざまな生活領域——知的領域、性的領域、対人関係の領域——において、しばしば重篤な制止としてあらわれる。

III　自我理想

だが私の肉体的な、また精神的な食欲減退は極端にまで来ているので、ときとして、私の生を支えているものは、生存の習慣以外にはもはや考えられないほどである。生きることを止めるためには、自分をうっちゃりさえすればいいように思える。ときに、いやしばしば自分自身に甚しく不満を感ずることがある。私は、昨日、本当にまだ自分は生きているのかしらと大真面目で自分に聞いている自分に気がついて驚いた。

——アンドレ・ジッド『しかあれかし、賭はなされた』[2]

自我理想とは、自我が自らを評価する際に基準となる心的審級であり、その起源は本質的にナルシシズム的である。両親像による理想や集団的な理想によって培われた理想を個人的に抱いていると、自我理想

1　Guillaumin.〔巻末参考文献【59】〕〔訳注〕自我を防衛するために固めた性格の外面のことを指す。

2　André Gide, *Ainsi soit-il ou les jeux sont faits* (1952), Paris, Gallimard, 2001.〔訳注〕アンドレ・ジイド『死を前にして』新庄嘉章訳、新潮社、一九五三年、八、三一、三三頁。

を取り巻くダイナミクスは、主体が自らの素質にぴったりだと望む対象をめぐって、理想に基づいた同一化を維持しようとし、また、願望やふさわしい行為などが実現できるよう目論む。自我理想は、現実をほとんど知らない子どもにとっては、しばしば強大な存在だが、通常は、少しずつ影響が薄くなり、自己保存や比較、そしてときには検閲（それゆえ超自我と関連する）などのダイナミクスの特徴を帯びてくる。自我理想は、実際に、ナルシス的リビドーを供給することができる。こうした押しだして前に進めるダイナミクスは、計画の検討や恋愛状態、指導者への心酔を維持するので、きわめて暴君的になりかねない。罪悪感や劣等感、それに、「大したことをなしえていない」、「愛されるにふさわしくない」といった確信は、厳格な自我理想のあらわれであることがしばしばわかる。これらは完璧主義と混じり合うと、自らの無能さに耐え、何かを諦めることを難しくしてしまう。

自我理想は、超自我からの要請に叶うよう、自我にさまざまな存在のあり方を提供、もしくは押し付けることで、いくつもの錯覚を黙認し、計画を翌日に持ち越し、いくぶん遠い将来に達成されるよう期待する。しかし、老いて死が視野に入ってくると、錯覚や持ち越しに譲歩することはすっかりできなくなってしまい、徹底的なまでの有限性のせいで、あらゆる実現可能性も、どんな些細な願望も満たそうとする意欲も強引に摘み取られるようになる。満足を先延ばしするのは、欲求不満が永続化するリスクとなる。主体に注がれる表象はもはやないので、主体自身が新しい表象をなんとかして生みだす。あるいは、主体を取り巻く人々やそれまで過ごした社会、そして今後自らのものとなるときにきわめて窮屈な環境によって提供、もしくは押し付けられた表象に自分を重ね合わせようとする。それゆえ、過去や、自分が走り抜けた道のり、かつて過ごしてきたがいまや存在しない時代などを理想化する備給が観察されるのは珍しいことではない。今現在は行動することが難しいので、かつての防衛的な対抗備給を働かせるのだが、ときにその根底には、過去の、失われ理想化された対象と、現在の対象との間の分裂がある。現在の対象は、常に期待外れのものとして晒されるが、その目的は、ナルシス的損失を被らないよう予防するためである。こうしてなされる同一化は、自我が満足を得て強化される唯一の源泉であるが、自我が自らの未踏を受け入れがちになることは実際にはほとんどない。

ここで改めて、老いの経験のなかで働いている心的作業が、実際にどれほど複雑であるかがわかる。不連続で断絶や喪失があったとしても、安心感と優しさがあり、安定して支えてくれる対象の痕跡を自己のなかに維持できるようにする内在化のプロセスが試みられるし、ナルシス的備給と対象備給の間の脆い均衡も試練に晒される。対象への備給と、対象によって備給が広げられていくことは、しばしば、自己への備給と軌を一にしている。自分とは異なる他者として、私たちをまなざすことができた他者がまなざしてくれていたのならば、他者に対して閉ざされていない自己へのまなざしがもたらされる。逆に、もし自己への備給が、喪失や不安、抑うつから自分を守るために緊急撤退した経験の反復にもっぱら由来するなら、主体はそのとき、自らのナルシス的保護システムを危険に晒さないよう、どうにかして対象に備給するのかもしれない。

それゆえ、喪失に関する問いとそれを心的にどのように扱うかという問いが、この件の完全なる中心にある。私たちは、年齢を重ねることが、老いる（*vieillir*）という事実をどれほど暗黙のうちに前提としているかをみてきた。たとえ、老人というよりもむしろシニアについて用いる熟す（*mûrir*）という言葉が、どのような場合でも一定の点までは、すすんで用いられるとしても、である。はっきりとはしないが、個人はある年齢までは――それが何歳なのかをはっきりさせるのは詮無きことだが――大きくなり、発達し、逞しくなる。こうした進展が退行期のプロセスに属するとは考えられない。それに、自己のなかの、そして他者についての脱連結や喪失といった経験が、より頻繁かつ強烈に、そしてより根源的に少しずつ生じるようになる。フロイトは次のように強調している。「もとよりわれわれは、何ひとつ断念することのできない存在なのです。われわれにできるのは、あるものを別のものと取り替えることだけでして、それは、いっけん断念のように見えても、実は代替形成ないしは代用形成なのです」[1]。さらには、「人は一つのリビドー態勢から進んで立ち去ろうとはしない。たとえ代替物がすでにその人を待ち受けている場合でもそうである」[2]。生きることの断念、対象の断念、快の断念は、決して完全に達成されることはなく、常に相対的な達成なのである。しかし、断念の余地があると、慌ただしいなかで避けがたい苦悩があったとしても、かけがえのない形で適応に導くことができるし、それどころか、現実に直面した際の補修を可能にし、夢を開き、何らかの内的な安心感を築くことができるのである。

1 Freud, 1908, p. 163.〔巻末参考文献【40】〕〔訳注〕「詩人と空想」『フロイト全集9』岩波書店、二〇〇九年、二二九頁。
2 Freud, 1915, p. 265.〔巻末参考文献【41】〕〔訳注〕「喪とメランコリー」『フロイト全集14』岩波書店、二〇一〇年、二七五頁。

第三章　喪失の取り扱い方

老いてゆくなかで、いくつもの喪失に見舞われるが、その際、特に、抑うつの問題群を取り扱う心的装置の能力が働くことになる。抑うつの問題群は、潜在的な病理的苦しみの次元に、さらには、非生産性や不毛性に限定してはならない（そのことを非難する人もいる）。「喪に服さねばならない」といった暴力的で厳しい命令に流されずに、落ち込めることは、心的生活にとってきわめて大切なことである。それはまた、自分とは異なるものであることがわかっているのに、そのことを見失って間違えてしまいがちな対象との関係のなかで心的生活を構造化するうえでも、欠如に持ちこたえられるようにしてくれる良い対象を自分のなかに取り入れるうえでも、重要なことである。

I　抑うつと抑うつ性

私は、ある男が「つらい」という言葉を発するのを一度だけ聞いたことがある。その男は、伴侶に容赦なく追い払われたところであった。老いた男。その男が、幼少期に由来するこの言葉を発することに恥じらいがなかったのは、おそらく老いた男だからであろう。私はその男に、どうして私に会いに来ることになったのかを尋ねた。彼は次のように答えた。「私はつらいのです。私は悲痛のなかにいるのです」。私はなかにという彼の言葉を忘れなかった。牢獄における独房の唯一の伴侶は、本人のつらさであるのだから。

その見捨てられた子どものつらさ——とはいえ彼が泣きわめくなどとは思っていないが！——この老いた男のつらさとは、己の人生が、あら皮のごとくやせ細っていくと知り、この世界でひとりぼっちで死にゆくことへの心配である。

——J＝B・ポンタリス『窓』[1]

1．抑うつポジションのワークスルー

フロイトは、早くからすでに、「人生の中年期の危機」と今日呼ばれるような困難な時期や、その時期から始まるこころの激動、とりわけそれと関連した外的および内的な身体的変化による影響に非常に

関心をもっていた。だが、この点について特に研究を進めたのは、エリオット・ジャックス[2]である。ジャックスは、一方で、主体が自らの有限性や退縮に直面することで動員される特有の心的再編成について研究した。事実、主体に残されたこれから生きる時間は、これまでに過ごした時間よりも、きっと短くなる。だが他方で、ジャックスは、このダイナミクスが引き起こしうる弊害や創造性の源泉についても考察した。

主体が成熟して、多少なりとも個人として、夫や妻、親として、あるいは職業人として安定してくると、往々にして、年老いた親や成長した子どもたちに囲まれるようになる。子どもたちがすでに成人して親元を離れ、子をもうけていると、主体は実際に、否認しない限りは、自分がもはや放ってはおけない未来に直面していることがわかる。「死はもはや——意識の水準において——ひとつの一般概念として、あるいは他人の喪失として体験される出来事ではなく、個人的な事柄、自分自身の死、自分自身の現実の死ぬべき運命となるものである」、「始められたことは終えられねばならない。個人が成し遂げたかっただろう、なりたかっただろう、手にいれたかっただろう大事な事柄は、現実とはならない[3]」。ジャッ

1 J.-B. Pontalis, *Fenêtres*, Paris, Gallimard, 2000.
2 〔訳注〕カナダ出身のクライン派精神分析家（一九一七—二〇〇三）。
3 Jaques, 1974, p. 247, 259.〔巻末参考文献【64】〕〔訳注〕E・B・スピリウス編、松木邦裕監訳『メラニー・クライン トゥデイ③——臨床と技法』（岩崎学術出版社、二〇〇〇年）に収められた論文「死と中年期危機」（二五九—

クスは、主にメラニー・クラインが提唱した理論[1]を背景にした考察のなかで、そこで課される心的作業について強調する。それは抑うつポジションを再びワークスルーすること、すなわち、喪失や破壊性を取り扱うことである。

抑うつポジションは、乳幼児の生を突き動かすいくつかの幻想の動きを考えるために理論化されているが、その源流は、人生のはじめの数か月における妄想分裂的ダイナミクスのなかに見いだされる。この時期、自我の実体も対象の実体も明確には構成されておらず、分化してもいない。少しずつ、そして苦痛や不安を伴いながら、乳児は、自ら固有の内的現実と必ずしも固定されていない外的現実の存在を認識できるようになる。すなわち、乳児を欲求不満にさせる耐えがたい対象と、乳児を世話し満足を与える対象とは、実のところ、母親というひとつの全体の異なる部分にすぎない、と認識するのである。これによって、全く未知で強烈な不安、母親そのものを失うという不安が生まれる。このような心配によって、抑うつポジションと、子どもの発達の根幹に据えられるダイナミクスへと誘われる。また、各々の乳幼児性が構造化されてゆく。なぜなら、愛する対象を失うという懸念は、罪悪感の表象が悲嘆の情動と結びつく不安であり、他者への心配を作りだすからである。それはまず自分自身の心配をすることから始まり、それから他者のために他者の心配（償い）をする。この幻想的かつ防衛的ダイナミクスの変化によって、強烈な心的作業が行われるようになる。つまり、実際のところ、対象が、良いケアも欲求不満もふんだんにもたらすので、子どもは自分自身のなかに、優しさと憎しみという、相反する動きが併存していることを認識する。そして、分裂に頼る度合いが減っていけば、アンビヴァレントで幻想的な体験が可能になっていく。それにより、同一の対象に、満足のあり方に応じて愛や憎しみを抱き、そうした感情をぶつけられるようになる。こうした変化が可能となり、構造化していくのは、抑うつポジションに特有の状況が展開していくからである。つまり、優しくて温かみがあって保護的な親の人物像といった良い対象が、取り込まれ（ある対象の性質の幻想的専有）、自己のなかに永続的かつ安定して維持されるときである。抑うつポジションがワークスルーされなければ、幻想的で防衛的な補修がいくつも形成されやすくなる。迫害的な不安や見捨てられ不安が強くなり、内的な寄る辺なさを埋めるための対象に依存しがちになり、侵入性の不安状態に揺さぶられるおそれがある。そこには、統制や支配、勝利感や破壊性などの特徴を持つさまざまな対象関係のあり方が見いだされる。良い対象が自己のなかで安定して現前することが、喪失や断念といった作業を行ううえでどれほど貴重であるか、このパラダイムが老いの臨床にとってどれほど有益なものであるか、実際に理解できるだろう。

とはいえ、このような解釈的な主張には、二つの落とし穴が待ちかまえている。ひとつは、ほとんど規範的ともいえる防衛的理想化である。ジャックスは、たとえば次のように強調している。

二八六頁）。該当箇所は、それぞれ二七〇頁、二八六頁。

1 〔訳注〕クラインの抑うつポジションの二つを描写した。前者では、断片的で分裂した対象世界を生きており、主に迫害不安に晒されている。その後に訪れる抑うつポジション論については、巻末の「解題」を参照。

そのような内的状況があるなら、人生の後半は、最終的な死についての意識的な知識を持って生きられるし、生きていくことにぜひ必要なものとして、この知識を受け入れながら生きられる。［…］英知、不屈の精神、勇気、愛情へのより豊かな能力、人間的洞察、希望や享楽についての真の価値が磨かれる。それは、自分の欠点だけでなく破壊衝動についてのよりなまなましい自覚と受容に基づいた統合や、真の断念や超俗性を伴っている昇華へのより大きな能力に基づく本物の性質である。[1]

もうひとつは、こうした主張を一般化すると、神経症のパラダイムや、去勢との関係における喪失の取り扱いや、エディプス、満足の断念などが覆い隠されてしまう危険性がある。老化のなかで働く心的作業を考える際に、抑うつポジションのパラダイムは、必要条件であっても、十分条件とはいえないのである。

2．抑うつ性の解放的価値

精神分析の主体は、自らの無意識と馴染むことで、そのなかに自分が決して完全には専有できない異質な領地があることを知り、他者を必要としていることを認め、錯覚の意義を正当に認める。

——レイモン・カーン[2]

真の喪の作業は、喪失や有限性の認識と向き合い、抗うつ的な戦いに直面することである。それは、いかなる試練であろうと生命力を要するものである。喪失、抑うつ、死は、共犯関係を保っているようにみえる。老いに伴い、閉経や男性更年期症状が初めて出現してくると、自立は弱り、喪失の姿形は多面的となる。フロイトの「喪とメランコリー」[3]における一連の省察によれば、そこで働く心的作業は、抑うつ性を避けがたく巻き込むようである。ピエール・フェディダが[4]、生命の保護、均衡、調整の保証と関連づけて、心的生活における抑うつ性の重要性を擁護したのも、同様の意味においてである。したがって、抑うつ性は、強すぎる苦痛の結果として脱備給を目指す退却の動きのなかで興奮の不快感から完全に逃れるのではなく、むしろ、興奮の不快感が過剰になることを防ぐことで、他者とのふれあいに耐えることを可能にする。

それゆえ、老化の経験と似たような冒険を生きること、耐え忍び、通過することは、生の番人[5]としての、

1 Ibid., p. 258.〔訳注〕前掲書、二八四—二八五頁。
2 〔訳注〕パリ精神分析協会（ＳＰＰ）元会長、精神科医、精神分析家。（一九二六—二〇一九）
3 Freud, 1915.〔巻末参考文献【41】〕
4 Fédida, 2001.〔巻末参考文献【33】〕〔訳注〕フランス精神分析協会（ＡＰＦ）の精神分析家、哲学研究者。パリ第七大学教授。（一九三四—二〇〇二）
5 Rosenberg, 1982.〔巻末参考文献【96】〕

最低限の内在的なマゾヒズムの貢献[1]なしにはありえないと言える。つまり、ワークスルーの作業という見地に立つと、不快で苦痛なことに向き合うことを可能にしてくれる作業がなければならない。フェディダは、このような抑うつ性は、硬直したものでも、失敗に至るものでもないという点で、抑うつそのものとは異なると主張する。抑うつ性とは、時間の試練や時間の効果を再認識する作業である。たとえば、ペーテル・ヒルデブラントが引用しているマーティン・グロジャン[2]の言葉がそのことを描写している。

私は老いぼれたと感じている。私はもはや働くこともなく、散歩もしない。それは奇妙なことだが、そんなことは私にとってどうでもよいことだ。不意に思う。私には五十年やってきた仕事で十分である。誰かほかの者に引き継いでもらおう。私は日なたに座って、木々の葉っぱがプールに落ちていくのを眺めている。私は思考し、夢想し、絵を描く。私は現実の世界から解放されたように感じる。私は、家族や友人を穏やかに愛し続けているし、彼らに愛されているといつも感じる。私には時間がある。あとどれくらいの時間が残されているのかはわからないが、急ぐことはない。終焉が訪れても、焦ることはない。最期の日は待ち構えているものだし、その日がやってきても、私は錯覚を抱くことなく受け入れるつもりだ。それはたやすいことではない。私は刹那のなかに生きているが、あともう少しだけこの世の中に平穏なままでいたいのである。[3]

おそらくここに、老いについての手がかりのひとつがある。それは、今日的な規範が築き上げたようには成功していないが、同意がなされ、とはいえ飼いならされたわけではなく馴染んだものとしての老いである。人生の黄昏どき、更年期が人生の下り坂を告げ知らせるようになると、老いを思い描けるようになってくる。対象の喪と去勢のワークスルーがつながることで、完全さを声高に主張するのではなく、変化や喪失に向き合うことができるようになる。他者に対しても、その人なりの道のりを追い求める権利や正当性を認められるようになり、自己の分身を、自他の区別なく支配的に備給することもない。この自己の分身は、自分自身にほかならず、自分自身のために他者に向けるものである。失われて死んだ対象への、自我の排他的でナルシス的な同一化が支配的になると、対象喪失が自我の喪失をもたらし、メランコリー性の苦痛状態が生じやすくなってしまう。[4] それゆえに、年配者たちは、健康をなおざりにして、（アルコール依存といった）自己破壊的な動きに甘んじて身を委ねることもある。あるいは、躁的防衛を発動させて、ぞんざいに扱うなとやかましく主張したり、際限のない浪費と享楽、危険行動へと

1 André, 2000.〔巻末参考文献【4】〕
2 〔訳注〕ドイツに生まれ、米国で活動した精神分析家（一九〇四―一九九〇）。笑いやユーモアについての考察で知られている。
3 Hildebrand, 1982, p. 20.〔巻末参考文献【61】〕〔訳注〕英国独立学派の精神分析家。高齢者の力動的精神療法を探究したことで知られている。
4 Chabert, 2003.〔巻末参考文献【19】〕

高ぶらせる嗜癖行為に身を投じたりする。つまりは「解放による酩酊」[1]のなかで、老人たちは危うく死にかけるが、危険な状況に再び身を投じ、死から逃れることに成功する。自分たちがまだ生きていることを証明するために、自ら災いを招き、危機に巻き込まれる。老人たちは、自分たちの抑うつ性がそのまま進行してはいけないと、抑うつや躁的防衛がもつ暴力性に立ち向かう。

老いることとは、自分にはまとまりがなく、さまざまな不完全さがあり、数々の傷を負い、変容を経ているという事実に直面することである。廃墟のメタファーは、このような自己へのまなざしに関して二重の特性を表している。抑うつ性や断念といった特徴と同時に、抑うつや脱備給、悲嘆や攻撃といった特徴がある。実際、廃墟のメタファーは、穏やかなメランコリーやノスタルジーにうってつけである。廃墟とは何らかの記念碑であるが、その高貴さを際立たせているのは、「かつてそうであったものではもはやないということ、その機能、その存在理由を、時間の試練によって失ったということ、しかし、常にそこあり、その完全さのなかにではなく――そんなものは全くない！――それをそのようにあらしめてきたもののなかで維持されているということ」である。他方で、悲嘆に打ちひしがれた廃墟もあり、それは「爆撃を受け、被災した街［…］、破壊され、住人たちから見放された地区［…］の廃墟、放棄されたままの作業場」[2]である。このように区別することは、両者が多少ともつながりをもち、微妙な変化を含みつつ交代するなかで共存している場合にも、平穏な、あるいは粗暴な補修がずっと続いている場合にも重要かつ有益である。いずれにしても、生の欲動と死の欲動が融合して作用していることを示している。

Ⅱ　欲動の融合と脱融合[3]

人生というものは風解と再構成、状況と形態の変化、および死と再生の絶え間ない連続である。人生はまた、行動と休止、待つことと休むこと、そして再び、しかし今度は違うやり方で行動を開始することである。そして、いつも越えて行くべき新しい敷居なのである。

——アルノルト・ファン・ヘネップ『通過儀礼』[4]

1　〔訳注〕「躁うつ病およびその類似状態の精神分析的研究と治療のための端緒」『アーブラハム論文集』下坂幸三・前野光弘・大野美都子訳、岩崎学術出版社、一九九三年、一三頁。
2　Pontalis, 1997, p. 126-127.〔巻末参考文献【90】〕
3　〔訳注〕または混合／分離。生の欲動と死の欲動が提起されたフロイトの第二欲動論において用いられる用語。「融合（混合）」は二つの欲動がさまざまな割合で混じり合うこと、「脱融合（分離）」は二つの欲動が分かれて各々独自の目標に進むようになることである。
4　Arnold Van Gennep, *Les Rites de passage [1909]*, Paris, Picard, 1992.〔訳注〕『通過儀礼』綾部恒雄・綾部裕子訳、岩波文庫、二〇一二年、二四二頁。

一九二五年、六十九歳のフロイトは、友人のルー＝アンドレアス・ザロメ宛ての手紙[1]に、以下のような文章を書いている。

［…］無感覚の外皮がゆっくりと私を包んでいます。これは泣き言ではなく確認できることです。やはり自然な成り行きでありますし、無機的なものとなりはじめているのです。ひとはそれを「老年の円熟〔老年期特有の離脱〕」と呼ぶだろうと思います。それは私の想定している二つの欲動の関係における決定的な転回に関連しているにちがいありません。その変化はおそらくさほど目立ったものではないのでしょう。以前興味深く思われたものはすべてやはり依然として興味を惹きます。その質としてそれほど変わってはいません。しかし、なにか余韻に欠けるのです。[2]

この内容は、衰退の唯一の論理についてだけでなく（もしそうだとしたら、リビドーの減退が、生物学的説明に従属した形で考えられることになる）、心的経済の再編成を証明するうえで実施される心的作業についても考慮している点で、本質的に重要なことである。心的経済の再編成とはつまり、欲動の動きを量的に捉え、循環させ、そして配分することである。それゆえ、心的装置は、そのなかで欲求不満や脱魔術化[3]に内在する緊張の影響を減弱しようとするプロセスを動員することで、興奮の増大をできる限り、最後まで予測して扱い続けられるようになる（「なにか余韻に欠けるのです」）。しかし、そうしながらも、内的対象と外的対象から過剰に脱備給しないようにする（「すべてやはり依然として興味を惹きます」）。こうした展望のなかで、フランソワ・ヴィラ[4]は、老いることと死とを識別することがどれほど大切であるかを、そして心的次元においては、死とは老いの帰結ではないことを強調している。反対に、死とは「私たちが生き続けるために、もはや老いゆくことが不可能であるときに到来する」[5]。つまり、興奮を取り扱う活動を引き受けるのに苦しみ、ぼろぼろになった結果、生を耐えうるもの——あるいは快の源泉——にするために諸々の創造的な可能性を動員することがもはやできないところにまでいきつくとき、死が到来する。「個体はその内部の葛藤によって死ぬ」[6]とフロイトは述べていた。

生の欲動と死の欲動の融合によって、ここで何がなされているのかが理解できるようになる。前者は結集、統一、興奮を目論むものであり、後者は反対に、分離、分散、鎮静の働きをする。二つの欲動が結びつくと、付随する連続的な作業、すなわち、備給と脱備給、接近と離反の余地ができる。これは、

1 Freud, *1873-1939*, p. 390.〔巻末参考文献【37】〕
2 〔訳注〕『フロイト著作集8』人文書院、一九七六年、三六四頁、強調は原著者による。
3 〔訳注〕合理化プロセスのこと。
4 〔訳注〕精神分析家、元パリ大学ディドロ校臨床心理・精神病理学科教授。フランス精神分析協会（ＡＰＦ）の副会長も務めた。
5 Villa, 2010, p. 2.〔巻末参考文献【107】〕
6 Freud, 1938, p. 10.〔訳注〕「防衛過程における自我分裂」『フロイト全集22』岩波書店、二〇〇七年、一八五頁。

確立された秩序に対する転覆や抵抗と同時に、その刷新という価値ある可能性を生む。[1] 生、とりわけ心的な生は、この内在的に不安定で騒然たる〔死の欲動との〕融合によってのみ可能となり、耐えうるものになる。そこでは、欲動が多少の効力をもって、それらの強い要求とそれぞれの論理を緩和する。一方では、混乱や支配という危険を冒して連結と凝集を行い、他方では寸断化と無化という危険のもとに脱連結と脱結合を行う。

それゆえ問題となるのは、たった一度も獲得されたことがないだけでなく、外的現実を通じて経験されたこともない内的均衡である。私たちが老いると、日常生活のなかで、多かれ少なかれ重要で、いずれにせよ絶えず続く心配と困難、さらにはトラウマが扱われるようになる。そのためには、潜在的にかなりの心的エネルギーが動員され、とりわけ、ナルシス的な備給や、内的凝集性、自己および心的恒常性の保護によってリソースの再配分がなされる。ほんの些細な変化や、わずかに努力するだけでも、もういっぱいいっぱいだと感じたり、それゆえにきまって不安に襲われるときに、主体はすすんで身を引いて、あまり努力しないようにしたり、節約することを受け入れようとしたりする。

だが、このように身の程をわきまえることは、リビドーが押し固まったり、備給が荒廃したり、心的能力が凝結したり、死の欲動が優勢になったりすることを意味するわけではない。アブラハム、[2] ガゲイ、[3] ビアンキ[4] ほか、多くの研究者たちが、抑うつ的な苦痛を帯びた、社会的孤立の帰結としての脱備給を、老いという経験の抗しがたい事実として月並みなものにすべきではないと絶えず指摘してきた。多くの高齢者たちは、休息する権利を訴えながらも、出会いや新たな知識を欲望し、永遠に第一線での役割を果たせなくても、社会問題に対して関心を抱いている。そうした事実を前に、私たちは、リビドーは減退するものであるという考えの一般化を差し控えねばならないだろう。リビドーの量は、人によってさまざまであるが、もともと決まっていて意のままに汲み尽くされる閉じた貯蔵庫の容量に依拠しているのではない。リビドーの量は、むしろ生まれてからの環境におけるさまざまな対象との対象関係および同一化のやりとりの質に依拠している。その質により、ナルシス的リビドーを対象リビドーに変換すること、そしてその逆が可能となる。こうしたリビドーの変換は、ナルシス的備給を犠牲にして対象備給が行われるような二者択一的な、あるいは二律背反的なシステムにおいてではなく、ときには対立しつつも、お互いが共に両立していくようなシステムにおいてなされる。

繰り返し喪失に直面すると、欲動の融合が試練に晒される。引き剝がし（対象や機能の喪失など）のせいで均衡が崩れると、それ以降、諸々の備給の運命は、潜在的にどのようなものになるのだろうか。主体は、この離脱を、過剰な崩壊や無化に巻き込まれることなく受け入れることができるのだろうか。主体は、自己に与えられるケアの可能性を危うくするような対象に固着したり（危険行為）、他者への関心

1 Nathalie Zaltzman, *De la guérison psychanalytique*, Paris, Puf, 1998.
2 Abraham, 1920.〔巻末参考文献【1】〕
3 Gagey, 1983.〔巻末参考文献【49】〕
4 Bianchi, 1989.〔巻末参考文献【13】〕

を損なうほど強大なナルシス的満足に固着したり（性格上の退行的閉じこもり）せずに、新たな満足への道のりを見いだすことができるだろうか？　マリオン・ペリュション[1]は、老いゆく主体のダイナミクスにおいて観察できるナルシス的な退行を、二つの形態、つまり正の価値を帯びるものと負の価値を帯びるものに区別することを提唱している。正の退行の特徴は、対象との離脱によるナルシス的内閉（閉じこもり）の可能性である。この内閉は、致死的な脱連結に陥ることはない。脱連結のなかにも、つながりは残されており、内的対象が外的対象と取り違えられるが、外的現実からの大規模な脱備給はない。負の退行の特徴は、欲動の脱融合が広がりを見せることである。たとえば、主体がただひたすら、苦痛や愁訴の対象として自らの身体に備給したり、安心できる内的対象への備給の可能性をなくしたり、犠牲の対象、嫌悪の対象、脱備給の対象として自我に備給したりする。心気症（ヒポコンドリー）や退行期うつ病[2]といった臨床病像は、全くもって明確な負の退行の例証である。こうした病像は、対象との関係の不安定さと共にこころのワークスルーの脆さをあらわにする。さらにいえば、グリスマン症候群という極端に悲惨な事例も挙げられよう。この病態の特徴は、対象を拒絶し（ケアを受けることの拒絶、目の前にいることの拒絶）、生き延びる可能性を本質的に問いに付すことで自我を攻撃する点にある。

周知のように、老いを通じて、諸々の均衡や関係性が否応なく問いに付され、再編成を迫られる。そうしないと、新たな心的光景を作ることはできない。このような解体が進むにもかかわらず、新たな心的光景を保証するのは欲動の連結である。それは、対象の介在を通してのみ支えられる。この対象は、アンビヴァレンスを維持する好ましい対象であり、まとまりが崩壊すること、死そのものが優位になること、心的生活が消滅することなどを予防する。「私たちの臨終のときまで、耐えられるあり方で活気を残しておくために、私たちは心的な活気を低下させる作業を行わねばならない。だが、その作業は、非器質的なものによって生みだされるので、心的に生き生きした生活を送ることがますます難しくなってしまうかもしれない。とはいえ、死が生命をすっかり掌握してしまうまで、私たちはそのことについて知る由もないのだが[3]」。

Ⅲ　死の問題

死を考える者は生を考える。
考えることができないのだから、思い出そうと試みては？
——ウラジーミル・ジャンケレヴィッチ『死』[4]

1　Péruchon, 1999.〔巻末参考文献【83】〕
2　〔訳注〕初老期うつ病のひとつ。
3　Villa, 2010, p. 210.〔巻末参考文献【107】〕
4　Jankélévitch, *La Mort*, Paris, Flammarion, 1977.〔訳注〕仲澤紀雄訳、みすず書房、一九七八年、四三頁。

汝が生に耐えようと欲するなら、死の準備をせよ［*Si vis vitam, para mortem.*］
――ジークムント・フロイト『戦争と死についての時評』[1]

死の問題は、本質的であると共に危険な問いでもある。というのも、死について考えずして老いを考えることが不可能である以上、老いの経験に応じて動員される問題群や心的プロセスを、有限性に関して意識的に理解できるもの（ひどい理解にせよ、穏当な理解にせよ）に限定しないことが重要だからである。「死が刻一刻、差し迫っていると恐れていては、いかにして恒常心を維持できよう」と認めているキケロは、それに先立ち、「自然に従って生じるものは、すべて善きものとみなさなければならない。しかるに、老人が生を終えることほど、自然に従ったものがあるだろうか」[2]と記している。自分自身の死という考えに落ち着かず、苦悩までするることは、心的な死の不安と同じではなく[3]、死ぬことや、死に際、往生を経験するという事実そのものと関連する不安[4]とも異なる。多くの哲学者たちは、この中心的な実存的問いを十分に深化させ、生や人間についての省察の名場面を世に出してきた。精神分析は、独特の立場から、この問いを斜めから考えるためのアプローチを提示する。ジャック・アンドレが指摘するとおり、「いる／存在する（être）とは、愛されている（être aimé）の略語である」。精神分析における存在の問いは、実存的なものでも、ましてや存在論的なものでもなく、性的なものである。誰のため、誰の愛のために存在するのか。きっとそうした理由によってのみ、この問いが分析可能となりえるのである[5]（強調は原著者）。

沈黙や休息、無や横溢、苦痛や享楽に関する幻想や危惧や切望のなかで照射され、汲みだされた表象を死が動員するならば、死とは決して制御されない、本質的に不可知の内容であることが明らかになる。私たちはその内容を、私たちの自由になる手段、したがって人生が刻み込まれた手段を介して、思弁的なやり方で（いつ？　どこで？　どのように？）把握しようとする。死の表象とは死ではない。反対に、とどまってさまざまな幻想を育む心的連結を示す。このような幻想は、生のなかでしか、表象を見いだすことができない。たとえば、アルベール・コーエン[6]は、『我が母の詩』のなかで次のように書いている。

1　Freud, *Actuelles sur la guerre et la mort* (1915), Paris, Puf, 2021.〔訳注〕「戦争と死についての時評」『フロイト全集14』岩波書店、二〇一〇年、一六六頁。

2　Cicéron, *Cato Maior De Senectute*, 709.〔訳注〕キケロー『老年について』大西英文訳、講談社学術文庫、二〇一九年、六三、六五頁。

3　Estellon et Marty, 2012.〔巻末参考文献【32】〕

4　Kübler-Ross, 1969〔巻末参考文献【67】〕; De M'Uzan, 1976.〔巻末参考文献【77】〕

5　André, 1999, p. 21.〔巻末参考文献【3】〕

6　〔訳注〕ギリシア生まれのユダヤ人作家（一八九五―一九八一）。戦後フランス語で数多くの作品を発表、政治活動にも従事した。代表作『選ばれた女』など。

最愛の母は、今、土のなかにいる。彼女は、死の沈黙のなかで、たったひとり腐ちてゆく。私はといえば、その外にいて、生き長らえている［…］母はなぜいま、息のつまりそうな棺桶、あの美しい顔を圧迫するくらい棺桶の蓋の下にいるのだろう［…］棺桶のなかではろくに息もできず、哀れな死者たちはそこで窒息する［…］。私はそこにいる、薄暗い湿気を待ちながら。そこでは私は、ゆらめきながら進むいくつもの小さな生の物言わぬ連れ合いとなるだろう。そのときの自分の姿が目に浮かぶ。茶色の斑点のついた、なかなかきれいな虫が、私の鼻孔に遊びにくる。もう感覚がないので、鼻息をたてて追い払うこともない。この虫は、自分の家に戻っただけのことだ。私の鼻孔はこの虫の棲み処であり、小さな食糧貯蔵庫なのだ。［…］静まり返った沈黙のなかでひとりきり、疲れ果て、あの世の者となった表情で笑うしかない。私がこうしている間も、あの人は決めかねている。「今夜の舞踏会、白のドレスがいいかしら。いいえ、ピンクだわ」。その女性は私のことを心から愛し、三年前の葬式の日には泣きじゃくっていたあの人だ。[1]

生、すなわちリビドー的欲動そのものが、見てのとおり、こうした死の思考のなかに現前し続けている。私たちはどうなるのか。何を感じるのか。そして、他者たちは何をしているのか。他者のために、私たちはいまもなお存在しているのか。

古代ギリシア、とりわけストア派を経由して以来、このパラドックスが率直な明証性と同時にきわめて防衛的な確信として課せられている。そのことを、ジャンケレヴィッチは次のように引き継いでいる。

「死は意識とかくれんぼを演ずる。私がいるところに死はない。そして死があるときには私がもはやそこにはいない。私がいる間は、死は来るべきものだ。そして、死があるときには私はもはやそこにはいない」[2]。それゆえ、もしも各々が潜在的に「私は死ぬであろう」とか、ときには「私は死ぬ」とまで言う可能性があるとしても、まだ生き続けていない限り、誰も「私は死ぬ」などと言うことはできないのだ。自我とは、さまざまな錯覚があるとはいえ、最終的には死に至るのに、自身の経験では決して死を把握できないという現実に基づいて存在しうるのであろう。しかし、自我がたとえ、経験が中断するということ、「想像もつかない真理、すなわち、存在からの分離や引き剝がしという残酷な真理」[3]を経験できないとしても、それにより、自我が心的次元において、何らかの方法でこの問題を取り扱っていないことを意味するわけではない。

フロイトはしたがって、次のことを主張する。「死に類比されるようなものは一度も体験されたことがない〔…〕」。それゆえ、「死の不安は、去勢不安の類似物として理解すべきである」[4]。つまり自我は、

---

1 Cohen, *Le Livre de ma mère*, Gallimard, 1954.〔訳注〕アルベール・コーエン『我が母の詩』平田真美訳、二〇一五年。

2 Jankélévitch, *La Mort*, *op. cit.*〔訳注〕『死』前掲、三五頁。

3 Jankélévitch, *Le Je-ne-sais quoi et le presque-rien*, 2, *La Méconnaissance*, *le malentendu*, Éditions du Seuil, Paris, 1980, p. 26.

4 Freud, 1926, p. 246.〔巻末参考文献【44】〕〔訳注〕「制止、症状、不安」『フロイト全集19』岩波書店、二〇一〇年、

この限界〔死についての表象〕を、禁止や罪責、無力感や受動性と結びつけて、部分的な限界としてのみ思い描くことができる。それは、愛する対象を征服することや競合的な対象を締めだすことを確実なものにできるようなものは、(もはや)ないと認識することである。精神分析家のなかには、フロイトの提言が、あまりに限定的で、実際のところ有益というには不十分であると考える者もいた。まず、去勢はもはや幻想的なものではなく現実的なもの(喪失が実際のもの)であるし、また、去勢がそれ以後はファルス(とその無数の代理物)だけでなく、アイデンティティ全体、生そのものに関係するからである。ビアンキは以下のように主張している。「老人の備給を止めるものは、それゆえ法的身分を持っていない。そこに禁止はなく、ただトラウマだけがある。しかし、老人が生きる漠然とした孤独感には、法的な価値――それはひとつの自然法則である――がある。老人のなかに生まれるのは、禁止者への憎悪ではなく、老人の手から逃れ、老人が根底において羨望している「今日」に対する顕著な軽蔑である。この「今日」とは、「他者たち」を意味する。生の中心がそこから出ていこうとしない「他者たち」である」[1]。たしかにそのとおりだが、前述したような欲求不満(「生の中心がそこから出ていこうとしない他者たち」を羨望すること)――ほかの人たちが享楽を見いだすような情緒的やりとりから排除されているという欲求不満――のなかに、各々の乳幼児性のうめきが聞こえてこないだろうか。そうしたうめきは、不完全さや同胞との競合に気を煩わされているが、エディプス的な思い上がりは棄却されてはいないか。これに対して、ビアンキは羨望と蔑視の重さを強調する。それらは幻想に関わる問題の、よりナルシス的な表現様式を表しているとする。ビアンキは、「性差の認識、能動性の備給や受動性の備給」といった問題群が心的葛藤のなかで担うことになりえる役割について、はっきりと相対化して、そうした問題群が、「死に向き合うための支え」などでは全くないと言う。そして、「不安を伴う空虚さ」、さらにはいわゆる蒼古的な問題が優勢となることを強調する。そのような問題は、「前性器的であり、全体‐部分関係、相互融合状態、相互分離などに関わっている」[2]。しかし、外的現実における死の問題群ゆえに、性的なものの事実や罪悪感の事実が危険に晒されることが自明なわけではない。ただそれは、以下のように主張するバリエにとっても明白なことのようである。「老いとはそれ自体で、誰にとっても、破壊の不安を再活性化させるうえで十分なほどの情動負荷をもたらす。〔…〕この特殊な状態は老いに特有のもので、より反応的な特性を説明する一方で、「もともとの人格」や高齢者の病理にはさほど依拠していない。破壊不安は、去勢不安よりももっと原始的な幻想に属する。〔…〕ここは、一次ナルシシズムの範域の次元である」[3]。それゆえ、年を取るという経験は実際、強烈にナルシス的な試練となる。だが、それを強調するにしても、外的現実と内的現実とを混同したり、快や死の核心的な諸問題に特異的なやり方で取り組む構造的な機構があるという事実をごまかしたり、これから適用される禁止がもはや誰にも存在

五七頁。

1 Bianchi, 1980, p. 615.〔巻末参考文献【11】〕
2 Bianchi, 1987, p. 68.〔巻末参考文献【12】〕
3 Balier, 1976, p. 121.〔巻末参考文献【9】〕

しないなどと決めつけてはならない。

実際のところ、死の展望に直面した主体が、複数の表象を動員しやすいことは、念頭においてもよいだろう。それらの表象には、多かれ少なかれ去勢や受動性が含まれているし、ときには見捨てられ不安や消滅不安、破壊不安や迫害不安などがかき立てられることもある。そして、こうした表象のすべてが、潜在的に不安を増大させ、強烈なものとなりうることも念頭においてよいだろう。そして、おそらく、こうした不安の取り扱いに対してこそ、注意を向けることが大切である。その際、死のリスクについて、来るべき黄昏を知らせる状態とみなすのではなく、たとえ心理的に考えることが非常に難しいとしても、これからも続いていくこととして考慮すべきである。もしも死や、脱連結や分離が、生理的な生と共に心的な生に対しても綿密に作用を及ぼすとすれば、[1] 欲動の再連結が不安定になると、死への道すじもまた不吉なものとなる。ポール・ニザンは若干二十六歳のとき、『アデン、アラビア』のなかで、たぐい稀な明証性をもって以下のように打ち明けている。「……生まれてくるすべてのものの否定というよりは、病気とか寒さとか肉体的苦痛のようなおも人間的な状態のことだとしたら、死にはぞっとさせられる」。「本当の死とは、死にほかならないもの、生ではないもの、そして人間が何も、自分のことも、他人が自分のことを考えているとも考えないときに置かれる状態のことなのだ」(強調引用者)。[2] もはや自らに、他人に何も言うことがないという確信、すなわち、危険な状態に陥ったり、命の危機に晒されたり、危うく死にかけたりすることを除けば、ひきこもるしかないという確信は、死の到来の前に十分に先行しえるし、硬直化、物象化、操作的思考、[3] カタトニア[4] などで表されるこころの機能の様態の前提となっているかもしれない。

さて、ユルスナールが甦らせたハドリアヌス帝がふと死の到来を確信し、自ら命を絶とうとしていたのなら、喪の作業と自らの人生、数々の愛や幻滅の振り返りをじっくりした末に、次のように語るかもしれない。

> 私は死を急ぐことをあきらめてしまった。〔…〕私の忍耐は身を結びつつある。前ほど苦しまなくなったし、人生はふたたびほとんど甘美なものになりつつある。〔…〕いましばし、共にながめよう。この親しい岸辺を、もはや二度とふたたび見ることのない事物を……目をみひらいたまま、死のなかに歩み入るよう努めよう……[5]

---

1 Villa, 2010.〔巻末参考文献【107】〕
2 Nizan, *Aden Arabie*, 1931.〔訳注〕ニザン『アデン、アラビア』「世界文学全集Ⅰ-10」小野正嗣訳、河出書房新社、二〇〇八年、八八—八九頁。
3 〔訳注〕ピエール・マルティら「パリ心身症学派」が、心身症患者に特有な思考様式として記述したもの。精神活動の乏しさ、すなわち、象徴や幻想を形成し、連想を膨らませることの困難が特徴として挙げられる。
4 〔訳注〕緊張病とも呼ばれる。無反応から興奮までの顕著な精神運動性の障害を呈する。
5 〔訳注〕前掲（『ハドリアヌス帝の回想』）、各二九九、三〇九、三一三頁。

第四章　性的なものとその運命

私が片足で歩かないといけないのは、もう一方を墓の中に突っ込んでいるからではない。

――フランソワ・モーリヤック

この複雑な主題についてはひとこと前置きをしておこう。ここでもまた、性的なものによって、各人も、そして性的なものに対する各人の関係も吟味されることになる。老いゆく大人たちにも欲望があり続けると認めることは、私たちよりも先に人生を歩んでいた者たち（親たち）には、私たちをこの世に産み落とした行為以上の欲望を有していると認めることである。だから、私たちの祖先がセクシュアリティを持つと認めるためには、原光景の幻想に目を奪われていてはならない。同じように、快への経路を支えうる発明や退行の能力を理解するためには、性がパフォーマンスや征服だけに限定されないことを認めることができなくてはならない。

I　器官的身体、性愛的身体

身体は老化経験の主役であると同時に、心的経験のパートナーでもある。心的経験は、複数の性感帯における、また性器体制到達に先行する複数の準備段階における快と不快に結びついているからである[1]。身体はまた、アイデンティティの構築やその躓きとも密接に関わっているし、分化の経験や主体化の経験においてはえてして自我とよく絡み合っている（皮膚‐自我）[2]。ナルシシズムの構築（鏡像段階）[3]の支えにもなれば、さまざまな能動的または受動的なポテンシャルをもった誘惑の道具や競合の道具にもなる。身体は、性的アイデンティティが獲得されるプロセスの支えとなる性差や世代差によって試練に晒され、つまるところ、大きな死に屈する前に小さな死の経験を何度も活性化させうるものである。

身体が、多かれ少なかれ無能力となり、制限をこうむり、ハンディキャップを有するようになると、老人は戯画的に病人へと還元されるおそれがある。健康に留意しない人たちもいれば、老健施設で孤独

1　〔訳注〕フロイトのリビドー発達理論（口唇期、肛門期、男根期、潜伏期を経て、性器体制へと至る）を指す。
2　〔訳注〕ディディエ・アンジュー『皮膚‐自我』福田素子訳、言叢社、一九九三年。
3　〔訳注〕Jacques Lacan, Le stade du miroir comme formateur de la fonction du Je, telle qu'elle nous est révélée dans l'expérience psychanalytique, *Écrits*, Paris, Seuil, 1966, pp. 93-100.

に過ごすような病弱な年寄りもいる。反対に、頑健な健康を誇示するシニアたち、すなわち激しいスポーツや美容整形の愛好家や、何らかの化学物質をその効果は有害だと明らかになっていても熱烈に摂取する人もいる。そうしたイメージに気を取られてしまうと、私たちは、身体の不自由さと空虚な戦いとに引き裂かれた老いというイメージを思い描いてしまう。そこでは、情動的で幻想的な生は、肉体の老化という具体的な現実か、あらゆる努力と備給を総動員しそのことに集中するナルシス的な切迫感に占められたものとして現れるだろう。

たしかに一見すると、すでに見たように、情熱が立ち去り、心的光景よりも前面に出てくる器官的身体が明らかに存在する。この器官的身体は、人間が生物学的に脆弱で、水と肉と血からできていて、そして具象的で朽ち果ててゆく存在であることを思い出させる。しかし、同時に重要なのは、他者との関係や自身との関係のなかに関わる心的ダイナミクスの水準で身体を考えることである。力をもち誘惑する身体、支えを求め侵入を恐れる身体は、「生物学的な重みからの解放と自由の動きによって構成される」こころと密接に関わっている。この自由は、「常に制限され一時的ではあるものの、[…]それが意味へと開かれている限りにおいて質的に決定的な切断を創造している」[1]。老いた身体はこころとの結びつきにおいて、身体の諸表象を構造化する乳幼児期の葛藤の痕跡を常に潜在的に保持している。その痕跡は外的現実に直面するといつでも再活性化されうる。

年を取るということは、性関係を持てるかどうかに関して（さまざまな要因と相まって）大きな影響を与えるが、欲望が大きく減退することははるかに少ない。そこでこころのセクシュアリティという言葉を使えば、セクシュアリティを具体的な実践に単純化するのを避けることできる。〔リビドー的、攻撃的、エディプス的〕幻想、〔去勢、受動性、誘惑の〕不安、〔男性的／女性的、能動的／受動的、ファルスを持つ者に／去勢された者に〕同一化するポジションを取ること、対象備給とナルシス的備給の間の複雑な結びつき。そういった問いに注意を向けることで、不可能な欲望の現実性や、肉体の水準で実現できるか否かをはるかに超えたところにある欲望の現実性だけでなく、心的場面を活性化し続けうる問題や葛藤が何であるかを捉えることができる。脳機能の低下に関する臨床はこのことをしばしば見事な形で例証している。性的意味合いを持つ話題が露骨になり、ときに恋愛妄想的に身体的接触や愛情を求める熱烈な欲望が表現されるようになる。

すでに見てきたように、フロイトは身体とこころの複雑な関係を理解するために、そして実際にこころに課される作業要請を理解するために、欲動の概念を提唱した。[2] 身体の特定の器官や部位と結びついた特定の機能性の減退や喪失、そしてそこから得られる快〔感じられる快、強いられる快、耐え忍ばれる快、感取される快、享楽される快〕の減退や喪失は、絶えず性欲動の興奮に影響を及ぼし続ける。性欲動が興奮すると、心的場面において多かれ少なかれ幅を利かせる緊張や表象や情動が生みだされるからである。それゆえ、リビドーとは一定で変化のない量的なものとは違う。リビドーは、消耗と滋養からなる交換

1 Dejours, 1994, p. 97.〔巻末参考文献【29】〕
2 〔訳注〕「性理論三篇」『フロイト全集6』岩波書店、二〇〇九年、一七一頁。

に基づいており、この交換は、自我と諸々の対象との関係がどのように維持されるかという問いを提起する。身体とこころの機能の成熟に従って、また子どもが対象との関係を広げるなかで、身体のさまざまな部位に備給するに従って、口唇域、肛門域、男根域の興奮と結びついている部分欲動は、性器域の優位性のもとにまとめられ、部分対象ではもはやない全体対象への備給を支える。ポール＝ロラン・アスン[1]は、「ポスト性器期」なるものが定義されたことは一度もなかったと指摘しているが、それはつまり、成熟と老化のさなかにある心的ダイナミクスが、快の源泉や経験として身につけたものを用いて、諸々の対象を形作ると同時に、固着や（固着を可能にする）退行を大いに引き起こしているということである。昇華のさまざまな形から身体的な享楽の経験まで、穏やかな流れから官能的な流れの動員まで、他者と共に経験する快から一人で得る快まで、現在の対象備給からかつての部分対象や全体対象との満足の経験まで。老いゆく男女の欲望の源泉や対象は多元的であり、全般的な退化というイメージよりもはるかに豊かなものである。通俗的な表象は、単純化によってか、習慣によってか、抵抗によってか、老化をこうした退化のイメージのなかに閉じ込める傾向にある。

II　高齢者の快と性的なもの

しかし私はローラより三十七歳も年上なのだ。だから、自分の肉体が、私に取って代わろうとしてやって来た見知らぬ男の肉体ででもあるかのように、私は、自分の肉体の動静を窺い始めた。とはいえこの用心深さがもっている、うっかりするとはまりこんでしまう危険を知っている私は、この用心深さを追い払うのに苦労した。そして、抱き合ったあと、「絶頂に」達したということで、ただ単に幸福である以上に幸福になるということが生じるようになった。

――ロマン・ガリ『ローラ、ローラ……』[2]

逃れがたい肉体の変容に直面すると、多くの老人は次の問いをいろいろな仕方で表明する。この性愛的な身体が実際には、このたったひとつの要因〔加齢〕だけで衰えたりするものか、と。あらゆる快楽

1　Assoun, 1983.〔巻末参考文献【6】〕〔訳注〕フランスの精神分析家。哲学や社会科学にも造詣が深く、精神分析研究の著作は膨大である。訳書に『フェティシズム』（西尾彰泰・守谷てるみ訳、白水社文庫クセジュ、二〇〇八年）、『ラカン』（西尾彰泰訳、白水社文庫クセジュ、二〇一三年）など。

2　Gary, *Au-delà de cette limite votre ticket n'est plus valable*, Gallimard, 1975.〔高木進訳、筑摩書房、一九七七年〕

的行動に対して徹底的に抗い、犠牲的精神を過大評価し、性的なものに対する嫌悪感を高く評価する人たちがいる。そして口を揃えて「もうそんな年ではない」と言う。こういった主張を、この年代の達観に帰されるべきものとして都合よく捉える人もいる。しかしそれは同時に、一種の防衛的な様相を帯びがちなので、その厄介な性質を過小評価してはならない。一部の高齢者が、性行為そのものへの備給の衰えから、昇華によるリビドーの満足に移っていくのは確かである。そのような昇華による満足は、きわめて喜びを与えるものでありえ、文化的な好奇心、市民参加、友人や子どもや孫たちとの情動的関係、そして宗教的情熱などの形をとる。しかし、考察すべきなのは、あからさまに性に対して無関心となることや、積極的な過度のセクシュアリティが現れることである。過度のセクシュアリティは、快、欲求不満、禁止、禁欲と結びついた心的葛藤をワークスルーしたり除去したりする方途を見つけることが実に困難であることの徴候である。大切なことは、道徳的規範の重みを過小評価しないことである。道徳的規範によれば、老人が快や自由や享楽を享受する権利は蔑視され、気まずさや不満をもたらし、非難やからかいの的となる。あるいは反対に、老人側からの抵抗や反発を生むこともある（『ラ・セレスティーナ』に出てくるヴェチュラという魔女やモリエールの戯曲を参照。また、R・ガリ、C・ヒギンス、サンアントニオ、B・ブレヒト、N・シャトレ、P・ロスらの作品に出てくるより現代的な登場人物たちなど[1]）。

危険な年回りの時期は、欲望の対象としての自己および他者の表象を混乱に陥れる。顔つきはしばしば、一見してぼろぼろに映る。その要因として挙げられるのは、皮膚の筋肉のたるみ、とりわけ頸部で目立つ脂肪浸潤、皺の出現、皮膚がざらざら乾燥する角質増殖、唇や顎の過剰発毛、多毛症、頭部に広がり、髪を白くし禿げさせる、男性ホルモン型の脱毛などが挙げられる。性器器官そのものに対する老化の影響と関連して、筋肉、乳房、臀部もまた垂れ下がってくる。このようにさまざまな水準ではっきりと見られる変化から身を守る必要性に、女性は無情にも直面せざるをえなくなるが、それは男性も同様である。実際に、老化状況を改善し、さらには不老幻想を維持するために、そうした要望に都合よく応じてくれるあらゆる技術とまでは言わないにしても、医療に向けて溢れんばかりの要望が寄せられるのはいつの時代にも見られる。

高齢者のなかで存続しているセクシュアリティに関する、多かれ少なかれ巧妙なメディア報道（勃起不全治療やピューマなど[2]）や特に老人に向けられたメッセージ（入れ歯用の接着剤や尿漏れパッド、葬儀サービス）を掲載している媒体を除いた広告媒体で描かれるシニア像は、次のような事実を隠蔽できていない。すなわち、私たちは結局のところ、高齢者のセクシュアリティについてよく知らないし、禁止と励まし、否認と理想化のはざまで、総じて居心地が悪く、私たち自身のためらいや期待を大いに投影しかねないという事実である。ティニョルらが強調するように、「精神医学にとっての既存の常識が、高齢

1 〔訳注〕これらのうち本邦に紹介されているものとしてはノエル・シャトレ『最期の教え――92歳のパリジェンヌ』（相田淑子・陣野俊史訳、青土社、二〇一六年）がある。この作品は二〇一五年にパスカル・プザドゥー監督の手によって映画化されている。

2 〔訳注〕若い男性と性関係を貪欲に求める女性を表すスラング。

者のセクシュアリティにとって目くらましとなっている。この問題に関する知見は乏しいが、偏見は強く、その帰結はよく知られていない。潜在的な患者数の多さにもかかわらず、意欲を持つケア従事者はほとんどいない。そして、老人たち自身も下の世代に同調するため、自らの問題を隠してしまう」[1]。

現に生じている現実のうち、考慮に入れることのできるいくつかの事実の一部分を見てみよう。実際、身体的に脆弱な部位の増加、パートナーの不在、生活状況などは、性関係の頻度や質を考えるために、またそれ以前に、性関係が持つ効力や欲望する思考を認めるうえで、考えておかねばならない。同様に、セクシュアリティ一般の実践および老人に固有のセクシュアリティの実践に関して流布しているさまざまな表象を考慮に入れることも重要である。一見したところ、自らの幻想を豊かにするものや自分たちが経験して知っていることを非常にうやむやなままにしている人がたくさんいる。そういう人たちは、自分には欲望があり、その欲望が変わったと語ることに戸惑い、つまるところ、望ましい規範のうちに居続けているかをいつも案じている。主体、その身体、その欲望の間に打ち立てられる困惑させるような関係が語られるためには、はっきりとした自信が打ち立てられねばならない。そこにはさまざまな変化が起こり始めており、欲望や快、自己や他者との新たなあり方を考案することが難しくなる。

主体は、心地よくない自分の身体を、または隠そうとしがちになる自分の身体を、享楽することができるだろうか。ここで、初老の人と非常に高齢となった成人を区別することが重要である。後者にとって加齢は、性器的、能動的、強壮的側面との結びつきの薄い性的期待に向かわせ、肌のふれあいや優しさや愛情の共有を優勢にさせる。一方、初老の人たちにとっては、別人となり、以前ほど欲望されなくなる経験や、欲求不満のままでいる経験のつらさがある。しかしそれとは反対に、自らのセクシュアリティを再発見し、新たな性的実践に備給する可能性、それも時間に融通が利くのでより自由になる可能性もある。これらもまた、理解できねばならない現実である。さらに、動員されている心的プロセスの柔軟性や多様性、そして作動している問題群の質や、同一化や備給の可塑性は、欲望の調整や現実の制約を最もよく維持することができる要因とみなされる。欲望の調整や現実の制約は、快と同時にある種の安定性をもたらし、諸々の興奮や欲求不満に直面した際に気を散らさないようにする。

Ⅲ　受動性・去勢――エディプス葛藤の現実化と再編成

まことに、汝らに告ぐ
若き日は自分でベルトを締め、好きなところに行っていたが、年老いると、手を広げ、誰かに締め付けられ、行きたくないところに連れていかれる。
――ヨハネによる福音書（二一章一八節）

1　Tignol *et alii*, 2001, p. 284.〔巻末参考文献【101】〕

「わしは今でも家長で、父親だ」

「よく言うぜ、もうろく爺さんよ。あんたはもはや何でもないんだ。一体何の役に立つというんだ」

――エミール・ゾラ『大地』[1]

老いゆく人に臨床実践をしていると、次のようなことがわかる。エディプス葛藤が、どれほど大きく活発であり続けているか。無力さ、受動性、傷つきやすさが重要な役割を果たす乳幼児期の経験と、身体が衰える経験とが、どれほど連動しているか。身体が征服的な武器を使って誘惑し、ライバルを追い払おうと切望するも、それができずに苦悩するとき、性的な傾向と死に向かう傾向がどれほど互いに絡み続けているか。ソフォクレスの悲劇「コロノスのオイディプス」はもちろん、中世のファブリオー[2]『半分に切った毛布』やモーパッサンの『死の如く強し』、『家族』、『家庭』、ゾラの『大地』やバルザックの『ゴリオ爺さん』、さらに近年であれば、ブッツァーティの『老人狩り』などのフィクションでも、臨床でいつも繰り広げられるものが非常に説得力に富む形で描かれている。すなわち、そこには世代秩序の転覆幻想の激しさがある。

1. 去勢と世代転覆幻想

一九四八年にアーネスト・ジョーンズは、乳幼児期の幻想に関する、臨床的かつ精神病理学的な問いを初めて本格的に扱ったテクストを執筆している。それは、大きくなった子どもが、アンビヴァレンスに満ちた強者としての立場（厚情と反座法[3]）で、年老いた両親の世話をするというものである。この乳幼児期の幻想はあらゆる年代で駆動されるものであり、その内容は同一化の立場が反転したさまざまな形で展開される。老齢の主体は、成人して逞しくなり自立した子どもたちに、自らの去勢不安や受動性不安を投影する。

ベレニス、六十六歳――「義母が入所している老人ホームから帰るとき、子どもたちのことを思うと嫌な気持ちになります。……私も子どもたちにあんな光景を見せることになるのかしら。年寄りに会うと、「あの人たちはいつ旅立つのかしら。」ってみんな内心では思うでしょ。そう思っても、口にする人はいないけれど。これまで会ってきた老人たちに抱いていたのと同じ気持ちを、私は家族に感じさせたくないのです」。面接では、子ども時代のある記憶を想起した。それは幻視症状のあった祖父の記憶であった（「祖父にはよく炎が見えていました」）。祖父はどこかへ行かないように肘掛け

---

1 *Zola, La Terre*, 1887.〔訳注〕「大地」『ルーゴン＝マッカール叢書　第15巻』小田光雄訳、二〇〇五年。
2 〔訳注〕十三―十四世紀に書かれた韻文の笑い話、小説。風刺的なものもあるが、一般に卑俗な内容で作者不詳の作品が多い。
3 〔訳注〕被害者に与えたものと同等の刑を罪人に課す法。目には目を、歯には歯を。

椅子に繋がれ、家族の食事の邪魔にならないように部屋に閉じ込められていた。ベレニスを含む孫たちは祖父のことを馬鹿にしていた。ある日、祖父は老健施設に入れられ、もう二度と会うことはなかった。

ドミニク、六十九歳――「年を取ったら機能が落ちていくのはよくわかっているんです……。破滅的な状況でないなら……、誰かに自分の世話を押し付けないで済むなら……。わかっているんですよ。たしかに、記憶力の低下にはイライラさせられます。「ああ何てことだ、こんな風に依存していってしまうなら、周りの人にとっては破局的なことになるに違いない」と思うからです。私のある友人が取りつかれていた考えは、まさに次のようなものでした。衰えてきているなかで、後見人を付けないといけなくなって、家族の者に、何と言ったらいいのか、自分についてのあらゆること……すべての権限を預けるということなのです。そうした考えが彼女をとても辛くさせていたのですが、私は内心思ったのです。「結局のところ、彼女が危惧しているのは、どんな家族でも起こりうることなんだ。そうしたことが近親者に起きるのは心配してないけれども、自分が近親者の負担になってしまうことを心配してしまう」。子どもたちがたとえいくら愛情を注いでくれて、可能な限り世話してくれたとしても……。子どもたちには自分の生活がありますし、四六時中、負担をかけられないですし、頼りすぎるわけにもいきません。見て下さいよ、車椅子生活になったとしても、私は読書もできるし、絵を描くことだってできます。ただ……でも結局のところ物質的な条件が整ってさえいればですが。そして自分でできればですけどね。つまり、こういった気づかいを丸々人に委ねないで済めばですが……。私は藁くずのようには扱われたくないのです。後見人の世話になんてなりたくないんです……そこには、こころの尊厳なんてないですから」。

こうした幻想的な動きを形容するために、「反転したエディプス」[1]や「逆エディプス」[2]が語られてきた。しかし「反転したエディプス」は、エディプスの同性愛形式を形容するために使用される定式であり、「逆エディプス」は、子どものエディプス的な表明に対する親の反応に言及するために、〔転移に対して言われる〕逆転移とのアナロジーで示される定式である。ここでこれらの概念を使用してしまうと、誤解を招きかねない。というのも、周囲の人に依存したくないという願望を前面に出す顕在的な言葉の背後には（そのような依存状態は近親者にとってとりわけ悲惨なものになりうる）、近親者に〔負担が〕押し付けられるのを眺める幻想が実際には隠れているからである。今後は近親者の方に力があるので、親殺し願望の実現が可能になるのである。このような幻想は、何よりもまず老いゆく者たちのものであり、老人たち自身の殺人、追放、排除の願望が非常に鋭く何度も何度も口に出てしまいそうな兆しである。かつてはこうした願望が子どもと両親を結びつけていた。子ども時代は機能的な未成熟のために近親姦願望や親

1　Grotjahn, 1955.〔巻末参考文献【58】〕
2　Le Gouès, 2000.〔巻末参考文献【69】〕

殺し願望の実現からは守られ、青年期には思春期性が発現して不安定となる。やがて自分の子どもが生まれ、大きくなっていく。しかし、その後はかつて行った禁止と拘束の復讐をされるのではないかと想像する相手に主導権を譲るという危険を冒していることに気づく。エディプスコンプレックスにおける親殺しの側面は、自分が遠ざけられ、略奪され、ひどい扱いを受ける心配の下敷きになりうる。近親姦の側面は、〔親殺しの側面ほどには〕言葉にできないし、しばしばより抑圧されているが、自律性を喪失した場合に惜しみなく与えられる親密なケアに対する懸念のなかで見て取れる。このように、社会や職場、家族関係によって、のけ者にされたり虐待されたりする心配を抱かされるとしても、ここで問題となっているのは、内的現実である。そこでは、エディプス葛藤の激しさを伝える幻想が動いており、主体と快および死との関係がいつでも、何度でも構造化され、意味づけがなされる。

すぐに追い抜かれてしまうと感じたり、金銭的な理由から潜在的に危険に晒され妬まれてしまうかもしれないと感じたりすること、身体的にも認知的にも実力を示さねばと思うことは、多くの老人にとって苦痛の種であり続ける。しかし、征服や競合を断念する機会を手にして、強さや弱さの関係が極端に示されている諸々の表象から解放され、大いに落ち着きを見せる人もいる。自分自身のかつての親殺し願望に相応の欲深く軽蔑的な息子に対して、いかなる譲渡も拒否するなら、年老いたエディプスは、テセウス——彼が王の地位を認める若者——のような人物によって葛藤を解かれた、思慮深い保護のもとにある心地よい終《つい》のすみかを見いだすことができる。「エディプスは息子と和解するなかで、王とも和解する。このようなお互いを認め合う行為は欲動の断念を必要とするが、それによってエディプスの交換と限界づけという象徴的な機能が明らかになる。それ以降、死と伝達が達成可能になる」[1]。ここで重要な役割を果たしているのは、まぎれもなく各人に備わる心的両性性[2]の性質である。これによって複雑かつ豊かな、そしてしなやかで多様な同一化の動きや対象に関わる動きが可能となり、去勢や受動性による心配を和らげることになる。

2. 享楽としての受動性と寄る辺なさとしての受動性

一九〇五年にフロイトが『性理論三篇』のなかで理論化したように、受動性ははっきりとしたポジションや行動に還元できないものである。受動性は、興奮をもたらす外的刺激の側面からも考えられるが、それはとりわけ内的プロセスの側面から、すなわちそれ自身も緊張をかき立てる幻想の側面から考えられるものである。その特徴は双方とも、対象に割り当てられた主要な役割、つまり誘惑し、操作し、感じさせ、影響を与え、脅かし、去勢し、排除する役割にある。そのように編成されているので、こころの機能は、対象の役割を認識すると同時に、それ自身で動きだし、固有の心的空間の可能性に開かれた応答を認識することが求められている。この問題は、老化を通じて引き起こされるこころの作業を考

1 Charazac, Tabou du vieillard et fantasme du renversement de l'ordre des générations, *L'Évolution Psychiatrique*, 48(4), 1983, p. 1027-1039.
2 〔訳注〕あらゆる人のこころには「男性性」と「女性性」の二つの要素が含まれているという考え。

える際に中心となるものである。老化は、他者に由来する行為を受け入れて、自分のものとする能力に挑戦させようとするものである。自らのうちにある他者は、主体を変容して突き動かし、招き入れてリアクションを強いる。

老化とは、死に至るプロセスであり、徐々に進行し、かつ避けることのできないものである。そのなかで人は物事の成り行きを変更できなくなっていく。そのため、逆説的ではないにしても重大な問題となるのは、実のところ、主体がこの経験を自分のものとし、それに同意できるかどうかである。したがって、内的現実の次元においては、寄る辺なさとしての受動性を享楽としての受動性と区別しなくてはならない。これはとりわけアンドレ・グリーン[1]が提起してきた主張である。彼によれば、主体が受動的となり、そうあり続けるよう強いられる寄る辺なさとしての受動性の状態と、享楽としての受動性の表現を区別することが重要である。享楽としての受動性とは、他者へ委任されたポジションを享楽することであり、同一化による反転の結果、能動的となるものである。これは、こころを扱う際にとりわけ複雑な心的両性性が試されるものである。主体の心的両性性とは、主体の性別がどちらであれ、自らのうちにあるしなやかで多様な自己表象と他者表象、同一化ポジションと対象ポジションをかき立てる能力である。そのような表象やポジションによって、征服やパフォーマンスによる興奮、責任や力をもつことによる興奮、完全性や支配性による興奮はもはやなくなり、受容的になって待機し、支配性なく無頓着な状態で、受動性の快の可能性がもたらされるようになる。このような作業は、断念の問題を強く押しだす。断念するとき、主体は、自分の記憶から部分的に漏れるような歴史によって自らが形作られ、突き動かされてきたということを、多かれ少なかれ意識的に受け入れる。また、自らの身体がケアのために近寄られたとしても、それを侵害や物象化、排泄物の取り扱いのように体験することなく任せられるようになり、自らの死を、殺人、殲滅、沈没などのようには体験せずに考えられるようになる。

3. 断念と屈服

アンリ・ダノン＝ボワロー[2]は、喪失を扱う際に働く心的作業の質を把握するために、きわめて的を射た区別を提唱している。主体が自らに課されている限界という事実と、そして、まだ残されている潜在的な可能性という事実とを統合できそうなら、断念の能力について取り上げることを彼は提案している。喪の作業は、断念においても働いており、たしかに痛みを伴うものだが[3]、喪失の認識を可能にし、断念したものに向けて、リビドーを再備給し、愛情ではないにしても関心を維持させる。ここに喪失を乗り越える可能性がある。その乗り越えは、自分自身の欲望のかけがえのなさや正当性に関して譲らないことではなく、失われた対象やもはや手に入らなくなった対象とは別のところに快の源泉――これと共に満足体験が大きな価値をもちうるのだが――を見いだすことである。反対に、屈服は、よりナルシ

1 Green, 1999.〔巻末参考文献【55】〕
2 Danon-Boileau, 2000.〔巻末参考文献【26】〕
3 Freud, 1915.〔巻末参考文献【41】〕

ス的で、さらにメランコリー的な仕方で起こる喪失への対処法と言えるだろう。そのような喪失の場合、失われた対象は、乱暴な仕方で自分から奪われたもののように、自分の一部のように体験される。そして同時に、出口のない病的な備給対象が体験される。過ぎ去りし日々は、あるときは理想化され、あるときは価値のないものとされることもあるが、その対象がない現在の生活に強く影響を与える。その対象について語り、再考することは、気持ちを埋めてくれる。しかし、それは反対にタブーでもある。死んだ対象は、もはや近づくことができないので、全力で備給が撤収されることになりうる（もはや喜びと共にそれを思い出し、ほかの人々と分かち合うこともできない）。死んだ対象は、ほかの人々によって所有されることすらない。そこでは、ほかの人々に固有の欲望はえてして認められていないのだ。そうすることで、ある種の全体性を何が何でも再建することが目指される。セクシュアリティや若さ、一部の老人には決して好まれない社会の進歩などについても事情は同じで、そのような老人たちは、深刻なナルシス的な苛立ちを示すかもしれない。

Ⅳ　ナルシシズムの運命

私は本当にひどい顔になってしまいました。やつれたので頬は窪んでしまいました。でも、かつてとは似ても似つかなくなってしまったことに悩むのはやめました。鏡の中の私の位置に居座っているこの老婆には興味がないので。

——フランソワーズ・ジルー『もう、明日。日記（二〇〇〇—二〇〇一）』[1]

ナルシシズムの問題は、臨床的にも認識論的にも、老いの精神病理における中心的な問題である。たしかに一方では、分裂と理想化に裏打ちされたラディカルで病理的なナルシス的補修がしばしば見られる。いかなる変化も拒否し、老化を否認し、飼いならすことによって、成功した老化を求め、失望が避けられない対象からは備給を撤退しさえする。「要するに自我は、無関係、無関心の領域を生き生きとした核心部の周りに作る。それは城塞の周りの堀である」とジャン・ギヨーマンは記している。[2] しかし他方では、保護的で退行的なポジションに一時的に撤退できるという点で、主体にとってプラスとな

1　Giroud, *Demain déjà. Journal (2000-2001)*, Paris, Fayard, 2003.
2　Guillaumin, 1982, p. 137.〔巻末参考文献【59】〕

るような場合もある。こうしたナルシス的補修の性質は、潜在的に障害から身を引く防御的な対処にあり、トラウマ的な興奮に直面した際に有益である。したがって、社会、家族、認知、身体、そして審美性などの点から改めて考え、さらには有限性の視点から見れば、それがナルシシズムの障害であることは明白な場合がある。そうだとしても、ナルシス的な苦痛を考慮に入れて心的ダイナミクスの問題や心的経済論の問題について検討する際、こころがどのように働いているのか、どのように再編成されているかを、この視点のみでしか思い描けないようではいけない。

老化による困難にうまく適応できるかどうかは、エディプスをうまく解決できるかどうかにかかっている。これは当然のことのように思われるし、こうした困難は去勢不安を再び活性化させるかもしれないとも言われる。[…] しかし、老化の変転を通じてアイデンティティを維持するには、自己肯定感によって特徴づけられる良質のナルシス的備給が必要である。ところが、生物学的なダメージから環境に起因する困難まで、老化のさまざまな条件そのものによって、主体の自己評価が低下してしまう。

バリエ[1]の以上のような考察は、本書にとって絶好のタイミングで、心的作業の密度を強調している。その心的作業が働くのは、去勢、対象喪失、死が、それぞれの問題や不安が絡み合って一緒くたになるときであるが、この絡み合いの複雑さを無視しないことが肝要である。しかし、「去勢」と「ナルシシズム」をあまり極端に隔てすぎないのも重要である。それほどまでに互いに影響を与えあっている。また、ナルシシズムの問題を自尊心の問題に限定させないことも重要である。さまざまなパラダイムによって、神経症構造、境界例構造、自己愛構造、そして精神病構造が明らかにされており[2]、それらは、各々の特異性を考えるにあたって大きな発見をもたらしてくれるが、前述した構造には、エディプスの問いと同様にナルシシズムの問いが互いに浸透しあっている。ナルシシズムの問題が存在するということは、老年医学臨床においては否定しがたい事実であるが、とりわけ興味深いのは、備給の再編成、さらにはナルシシズムの土台の再編成によって、それらの基盤が見いだされるあり様である。その基盤とはすなわち、それらの躓きや依託の場所であり、心的ダイナミクスにおいて作用しているほかの諸要因に照らした場合のそれらの表現の様態である。

アンドレ・グリーン[3]は、死の欲動の脱対象化機能と結びついている負のナルシシズムがもたらす損害を強調したが、同時に、生の欲動と絡み合い、自我と自体愛的な自我機能の統一の達成を目指す正のナルシシズムの利点も示していた。つまり、ナルシス的備給と対象備給のバランスが老年期臨床において根本的な問題であり、対象から分離、差異化できる力が試されるが、ナルシシズムこそが欲動の運命

1 Balier, 1979, p. 643.〔巻末参考文献【9】〕

2 〔訳注〕たとえば、ラカン、カーンバーグ、コフートなどが、さまざまな精神構造の理論化を行った。

3 Green, 1983.〔巻末参考文献【53】〕

であるという事実を見失ってはならない。そこでは、内的な（アイデンティティや同一化に関わる）まとまりに関する問題が、快の経験と不快に持ちこたえる能力の問題と否応なしに結びついている。

「老いは、ある臨界点を示す。そこでは、リビドー自身が、対象関係をもつものとして、何が自分には残されているのか、という――これまでは暗黙のうちにとどまっていた――問いに直面する。〔…〕まさにこの臨界点において関係というものが現れる。すなわち、享楽する（リビドー的な）主体が、対象から何らかの仕方で裏切られ見捨てられ、自分自身が結ぶ関係について問う点である」とアスンは述べる。さらには、「対象の享楽がなくなっても生き延びるリビドーがもつ不気味であると同時に逞しいあり様を、老人は自らの存在でもって示しているようである」と付け加えている。[1] 依託的な対象選択が甦る老人がいることをとりわけ裏付けるために、アスンはこのような省察を行い、自己保存と自己保身のための備給のナルシス的次元を強調する。「老化は、依託的な関係を再活性化しつつ、自らの起源を再活性化しうる。その依託的な関係は、成熟が進むにつれていわば取り除かれてきたはずのものである」[2]（強調は原著者）。対象はそのとき、真剣になったり、妥協したりした欲望の対象や競合の対象としてもはや特権的に備給されなくなるだろう。備給される対象は、真っ先にとは言わないとしても、患者の内的まとまりを強固にすることができ、差異や変化を経験することを少なくし、満足に特化するようになるので、心的生活の安定と連続性を保証するものとなる。ナルシス的ダイナミクスが柔軟で曖昧な人もいるが、それはさまざまな幻想に応じて変化する対象備給の可能性を妨げられないからである。しかし、そうではない人たちにとって、ナルシス的なダイナミクスの根底には、性や年齢がもたらすあらゆる差異を消し去り、自らを愛することを放棄しないためにやむをえず対象を対抗備給する必要性があるかもしれない。その根底には、全能で自給自足できるとの主張、一切動かずあらゆる興奮を消し去りたいとの切望がある。依存と死の危険に対抗する完璧な自己イメージに魅了されていることなどもある。

このように、支えとなるものの源、そしてナルシス的満足の源を突き止められることが重要である。老人は、加齢によって、あるいは、能力の衰えや事故、服喪などの突然の出来事に不意に襲われることがしばしばあるが、それでもナルシス的な満足をもたらすことができるからである。ある人たちは、脆弱になり、外的対象や内的対象によって自我を豊かにするのに苦心し、ナルシシズムが傷つくリスクを冒すことがある。あるいはまた、断絶があっても一貫性をもたせるほどに十分な快の源泉として内的対象を用いることができる人もいる。同様に、外的対象への備給を官能的なリビドーの様態（新たな恋愛のアヴァンチュール）、あるいは昇華されたリビドーの様態で、そのナルシス的な基盤を強固にし、しばしの間、永遠のなかにいるかのような幻影が得られる人もいるだろう。たとえば、ヴィクトル・ユゴーは、きわめて純真で、詩的でさえもある仕方で、おじいちゃんになったという事実から惜しみなく振りまかれるナルシス的な依託を描いている。「孫息子たちは私たちを大いに喜ばしてくれる。孫たちの喜びに満ちたまなざしは、心配事も吹き飛ばしてくれる。彼らは私たちの魂を生まれたばかりの頃に連れ

1　Assoun, 1983, p. 174.〔巻末参考文献【6】〕

2　*Ibid.*, p. 175.〔巻末参考文献【6】〕

戻してくれる。しおれた花を再び咲かせてくれるのだ。彼らを見ていると、自分自身も花咲いているのがわかる。そう、祖父になるというのは、はじまりに戻るということなのだ」（『よいお祖父さんぶり』[1]）。

V　母親の胸の内／ホールディングに回帰する幻想

ひとはかつて自分がそうであった子どもとともに生きなければならず、ときにはそうして生きることが非常に楽しいこともある。［…］存在の幹全体はそれによって活力を受ける。

――ガストン・バシュラール『夢想の詩学』[2]

原幻想（誘惑、原光景、去勢、母親の胎内への回帰）は幻想の構築物である。それによって、エディプスとの関係で心的生活が基礎づけられ、組織化され、「すべての人類[3]」が、実存に関する大きな謎（生、死、性的なもの）にいくらか答えを出せるようになる。母親の胎内への回帰幻想は、つまるところ老年期臨床以外ではあまり見られないので、老人との臨床での出会いによってもたらされる反省を加味して再検討するのが良いだろう。というのも、それは、いくらかの形のもと、人生の夕暮れに立ち向かうための意味や自由を備えた真の幻想のように現れうるからである。そこから、退行にはきわめて貴重な再編成のリソースがどれほど含まれているかがわかる。

1．母親の胸の内へ受け入れる

生まれてから死ぬまで、母親機能は保護の表象、支えとなる受動性の表象、充足の表象に強く備給される。たとえば、聖書のテクストには、神の形象はえてして、子どもたちの運命を案ずる母親と結びついているものがある。

しかし、シオンは言った。「主は私を見捨てた。主は私を忘れた」と。女が自分の乳飲み子を忘れるだろうか。自分の胎の子を憐れまないだろうか。[4]（イザヤ書四九章、一四―一五節）

私が胎は産ませる者なのに、胎を閉ざすだろうか――あなたの神は仰せられる。エルサレムと共に喜べ。[5] あなたが彼女の慰みの乳房から飲んで満ち足り、豊かな乳房から吸って喜びを得るために。

1　Hugo, *L'Art d'etre grand-père*, 1877.

2　Bachelard, *La Poétique de la rêve [1960]*, Paris, Puf, 2010, p. 19.〔訳注〕及川馥訳、思潮社、一九七六年、三六頁。

3　〔訳注〕「精神分析理論にそぐわないパラノイアの一例の報告」『フロイト全集14』岩波書店、二〇一〇年、三〇三頁。

4　〔訳注〕一五節の末部には本来、以下の一文がある。「たとえ女たちが忘れても、この私はあなたを忘れない」。

5　〔訳注〕本来は以下の一文がある。「すべて彼女を愛する者よ。彼女と共に楽しめ。すべて彼女のために悲しむ者よ。彼女と共に喜び喜べ」。

［…］あなたがたは乳を飲み、脇に抱かれ、膝の上でかわいがられる。母に慰められる者のように、私はあなたがたを慰める。エルサレムであなたがたは慰められる。あなたがたがこれを見るとき、そのこころは喜び、骨は若草のように生き返る。（イザヤ書六六章九―一四節）

このように、不幸にこころを煩わされている者は、自らの母胎に受け入れるのだ。同様に、歴史家のジェローム・バシエ[1]は、アブラハムの人物像と「父親の胸の内」というテーマ群について、非常に学び多き研究を発表している。アブラハムは、たくさんの子をなした強力な家長であり、息子のイサクを殺しかけた恐ろしい父親だが、同時に、正義を自分の胸の内のなかに受け入れ保護する機能が与えられている。彼はそのため、胸のあたりが半開きの服を着た人物として描かれており、選ばれし者たちを受け入れ包み込むための窪みのある空間を作りだす。

ランク[2]とフェレンツィ[3]は、出生と死が結びつくこの母性反応を強く主張し、原初的に融合し欲望が満たされた状態へ退行するというアイデアを強調した。彼らは、あらゆる不安の根源を出生経験、すなわち母胎との別れにあるとし、人には栄養豊かで平和な子宮に再び出会いたいという強力な渇望があると主張するほどだった。しかし、この主張が、終結の期限が決まっている臨床を理解する場合に魅力的だとしても、とりわけ対象の位置と地位に関していくらか注意を要する。フロイトはこのことを『制止、症状、不安』のなかで力説している。「子宮内の生活において母親は対象ではない。この時期に対象は存在しない」[4]。というのも、「融合関係」というほとんど矛盾した言い回しの特徴は、対象がないということにあるからだ。この融合関係においては主体も対象も一体となっており、両者ともども、それ自体としては存在しない。それゆえ、それそのものとして区別され認識され備給されたことがない対象との関係を再び制定する幻想をもつことはありえない。ここでは、母親の胎内への回帰幻想にいかなる妥当性も認めないのではなく、その妥当性を対象関係や関連するたくさんの幻想のなかに置き換えることが重要である。この幻想を子宮にいた時期に帰することは実際のところできそうにもない。この幻想が結びつきうるのは、出生の到来によっては汲み尽くしえない、断絶と分離のときだけである。それは、この幻想が、母親がやりとりをし、世話や授乳をする瞬間にもたらされる出会いや快のとき、すなわちドナルド・ウィニコットがホールディング[5]と名付けるものに支えられるときにだけ結びつきうるのと同様である。このプロセスでは、母親が子どもに同一化することで、子どもは、母親の行為（おんぶ、だっこ、管理、世話）や親が語りかける言葉を通して、自分の欲求を表象し、自分に快を与えるものと不快を与

1　Baschet, 2000.〔巻末参考文献【8】〕
2　Rank, 1924.〔巻末参考文献【94】〕
3　Ferenczi, 1924.〔巻末参考文献【35】〕
4　Freud, 1926.〔巻末参考文献【44】〕〔訳注〕「制止、症状、不安」『フロイト全集19』岩波書店、二〇一〇年、六六頁。
5　〔訳注〕ウィニコットのいうホールディングとは、母親が乳児を抱きかかえる行為を指すだけでなく、母親的対象や環境が子どもを支え、存在すること、居ることを可能にすることも意味する。

えるものを区別し、それらに順応できるようになる。母親と赤ん坊の関係において展開するこの機能は、つまるところ、子どもの年齢がいくつであろうと維持される可能性の高い心的機能であり、段階的な成長過程において、母親がそばにいる経験に付随するものである。たとえ、子どもが自分に必要なものを自分自身で作りだしているという早期の錯覚を少しずつ失い、欲求不満や落胆を経験したとしてもそうなのである。

部分対象である「胸の内」、母親の胸にある外部の乳房から、全体対象である「母親」へと移行するなかで、胸の空間全体（胸と服の間の空間、両腕によって形作られ、ホールディングによって／のためにできる間のへこんだ部分、温かく受け入れる内的空間）を放棄することになるので、母親のこころはもちろん、父親のこころや親友のこころも休まり、くつろげるようになる。両親像や母親機能のさまざまな表象は、備給の場所となる。それは胎児ではなく、子どものための場所である。そして、子どものためだけではなく、各々の乳幼児性のための場所である。

2. ホールディングの快、時間を超えた快

レフ・トルストイとフランソワ・モーリヤックはそれぞれ、母親のホールディングへの回帰幻想が動員されうることについて見事な証言をしている。トルストイは七十八歳のとき、『日記』のなかで次のように綴っている。「一日中、馬鹿げていて痛ましい感じがする。夕方頃になると、こうしたこころの状態が、優しさや愛撫を欲望するようになる。子どもの頃のように、大好きで愛しみ深い存在にすりよ

れたらいいのに。心地よさで涙して、慰められたらいいのに……。本当にちいさくなって、お母さんに近づきたい、そんなことを想像する……。ねえママ、僕をだっこして、よしよししてよ……。こういうのはみんな狂っている。でもみんな真実である」[1]。同じように、モーリヤックも『ブロック・ノート』のなかで、「老人が子ども時代に逆戻りすることは実際ないけれども、秘かに子ども時代に戻って、小声でママを呼ぶ快を味わっている」[2]と告白している。これらの語りは、主体そのものと母親対象の純然たる未分化は想定されていないが、優しく、そして支えとなる母親の胸の内へと回帰する欲望を描写している。そこでは、安らぎと快が密接に結びついているように見え、また、身体的／心理的になおも自分で自分を支えることができるという確信の代わりに、身体的／心理的に支えられたいという欲望が表明されている。私たちの世代により近いところで言えば、ジャクリーヌ・ドゥ・ロミリが、より控えめではあるが、部屋にたった一人で取り残されていた子ども時代の思い出が現在でもどれほど激しく甦るかを打ち明けている。「母はコートをベッドにおきっぱなしにしていた。私は、左の頬をすり寄せて毛並みの心地よさを感じていた。毛皮を愛撫し、鼻をうずめていた。その時だけ、毛皮は母親だったのだ。よく知った香りがした。とても元気な母親の香りで、私が母親の首のくぼみにキスするときに匂う香りだ。同じ香りは、母親のマフラーからもしていて、私はそれで遊ぶのが好きだった。この香りは私

1　Tolstoï, 1905-1910, p. 205.〔巻末参考文献【102】〕
2　Moriac, 1970, p. 495.〔巻末参考文献【71】〕

たちのゆるぎない愛の絆を思い起こさせてくれた。母がかつて細かく刺繡したつづれ織りのクッションに巻き付くことがいまだにあるくらいだ。知らない大きな部屋で怯えていた少女だったのは、昨日のことのようだ。でも、私が手にしていた助けは、現在にも、そして年を取ってからのしばしば困難な日々にも輝きわたっている」[1]。

トルストイとモーリヤックは、個人的、そして内面的な著述のなかで、母親像に対する優しさの願望をはっきりと——「ママ」と呼ぶことで——表明している。この母親像は、保護、包み込み、慰め、優しさといった機能をもつものとして、明白に接近可能であり、許され、備給される。そこでは再会が禁止されているわけでも、冒瀆が禁止されているわけでもないし、享楽と恐怖、勝利と地獄の責め苦を結びつける興奮があるわけでもない（ゲーテの『ファウスト』参照。ファウストは母の近くに行くが、メフィストフェレスはその原初的母胎の持つ神秘的で禁忌的な側面について強調している）。トルストイとモーリヤックの証言からは、人生の両極〔老年期と乳児期〕が出会うことで、意味がまとまりをもちうること、そしてホールディングはなおも希求できることを考えさせられる。なぜならば、それが訴えかけるのは、受け入れてくれる胸の内であって、呑み込んでしまう胎内／性器ではないからである。たとえ、彼らの言葉が禁止との戯れという意識を免れておらず、また享楽するために借用された迂回路であることを免れていないとしても、母親のイマーゴと再会したいという願望、その幻想的な表象は、彼らのなかで支持することも、受け入れることも可能で、検閲を過剰にかき立てないで済む。（「こういうのはみんな狂っている。でもみんな真実である」、「老人が子ども時代に逆戻りすることは実際ないけれども、秘かに子ども時代に戻る」）。ジャクリーヌ・ドゥ・ロミリは、彼女なりの仕方で、記憶の動員、ただし――母親が刺繡した物に触れるといった――具体的な体験の動員が、ちょっとした平穏のためには重要であると語っている。このような希求は、解放的な動きとしてのひとつの中間に位置づけられる。そこはたしかに条件の多いものであるが、対象との交流と同一化の立ち位置の新しい様態が補修されることによって、快と慰めを手に入れることができるのである。

1 Romilly, 2009, p. 40-45.〔巻末参考文献【95】〕

第五章　老いにおける脳とこころ

脳の障害に関連した病い（なかには、認知症とみなされる障害が進行する場合もある）の臨床は、多くの面で、治療的にも認識論的にも大いに緊張をはらむ場である。疾病原因を排他的に考えようとしても、生物学的因果性と心的因果性がときに対立しあう。それに、病理解剖学的な次元（脳を観察すること）で示される所見と臨床との間に、確実な相関がいつもあるとは限らない。患者のなかには、脳器質的基盤に損傷がなくとも障害を呈する者もいれば、脳器質性病変を抱えていながらも、認知面、行動面での障害が、まだ付随してみられない患者もいる。実際のところ、障害や特定された病気の原因となりうる要因が何かという問題はきわめて複雑である。おそらくは器質的原因（特に脳変性と血管性変化）と心理的原因が組み合わさっているし、生態学的な側面や家族や文化、社会的な環境および遺伝的素因なども関与している。臨床の実態は複雑であることは間違いない。したがって、心的因果性と器質的因果性とを対立させるのではなく、むしろ関連づけることを目的としたアプローチを評価すべきである。すなわち、器質的な障害がこころの機能へ与える影響、こころの機能によって脳の基盤に生じると考えられるもの、さらには、身体機能に影響を与えるこころの機能に固有のダイナミクス、それらを関連づけていくのである。[1] たとえば、マルシャル・ファン・デル・リンデン[2]は、アルツハイマー病の社会的構築を検討し、状況の複雑さも加味した適切な治療方針を提案するために、関与する要素の多因性を考慮する必要性を訴えた。[3] したがって、こうした障害が、心的装置の解体という意味において、こころのダイナミクスという視座からも検討できることが大切である。たとえ器質的因果性が同じように作用していようとも、神経学的損傷の恣意性に還元しないということである。そこでは、主体のこころの構造のあり方（問題群、プロセス、防衛）が、とりわけ「主体に課せられる異質性という経験に耐えうるか否か」という点で、重要な役割を果たしている。[4]

---

1 Charazac, 2009; Ouss, Golse, Georgieff & Widlöcher, 2009; Oppenheim-Gluckman, 2005; Péruchon, 2011.〔巻末参考文献【23】【80】【78】【84】〕
2 〔訳注〕元ジュネーブ大学、リエージュ大学の心理学教授。神経心理学者。
3 Van der Linden, 2009.〔巻末参考文献【103】〕
4 Le Gouès, 2000, p. x.〔巻末参考文献【69】〕

I　「認知症」という概念

「認知症」(démence) は、ずっと昔から使われている言葉で、精神の喪失 (de-mentia) を意味する。この言葉が医学的な意味において受け入れられると、それはしばしば不可逆的な認知的、心理的機能の重度の進行性増悪状態 (急性の精神錯乱状態や、判断能力の一過性の停止とは異なる) とされるようになった。二十世紀の初頭に、ドイツの神経科医アロイス・アルツハイマーは、まだ五十一歳の女性患者が重度の認知症状態を呈することを観察し、そのようにして重度で慢性の脳損傷が見られる初老期の形態を記述した。アルツハイマーはそこから、いくつかの臨床的および病態生理学的な特徴を抽出した。

今日、「認知症」という言葉は、日常用語のなかに受け入れられているが、軽蔑的かつ侮蔑的な側面でひどく汚されているため、この言葉の使用は大きな問題となっている。この言葉に、脳や精神機能がひどく傷んで損なわれているという否定しえない現実が顧慮されているとしても、人のことを「ニンチ(déments)」といった形容詞さらには実詞で呼ぶのは、全くもって容認できるものではない。知的な低下、さらには認知症的な症状を呈しうる脳疾患は、急激かつ大規模な代償不全の場合や、認知症の病像が初期の進行段階である場合を除いては、特に顕著な症状がみられない。そのため、病気の人は、しばしば、自分に何が生じているのかをよく理解しており、安心を感じていれば、それについて語ることも十分にできる。それればかりか、こうした現実に直面することを回避し、低減するために多少ともラディカルな防衛を用いることもできる。しかしながら、ピエール・シャラザック[1]は、近親者たちが、老いた親にみられるひきこもり、すなわち言語的交流や習慣的活動からの脱備給に注意を払うことを強調している。このような徴候は、だんだんと増悪していることに気づいていても、あえてそれを話さず、どんなに近しい人からであっても、他人の判断に向き合おうとしない人には抑うつ反応として表れるかもしれない。

症候学的な病像は、損傷を受けた神経解剖学的領域（皮質、皮質下など）、発症形式（急性、潜在性）、複数の決定因子あるいは除外因子（中毒性、医原性など）、観察される認知・行動障害（記憶障害、言語や実行機能の障害、脱抑制の頻度など）に応じて抽出されてきた。それにしたがって、認知症は、前頭側頭型、血管性、レビー小体型、アルツハイマー型などに分類される。しかし、問題となっている臨床病像が正確で、再現性があって有益であり、認知プロセスにおける機能性の諸々の喪失が全体的か部分的かを適切に識別するのなら、こうした損傷を受けた部位とその人の心的現実との出会いがもたらす体験の特異性は、やはりなくなるものではない。

---

1 Charazac, 2009.〔巻末参考文献【23】〕

II　こころの機能の解体

認知機能障害の臨床に関心をもつ臨床心理士、精神科医、精神分析家たちは、非常に勇気あるパイオニアであった。それほどに、この臨床における思考や記憶や言語の障害の側面が際立っている。思考、記憶、言語がうまく働かないと、臨床面接が実施できず、そこに作用している心的プロセスや問題の理解が難しくなる。そのために、今日「認知症」と呼ばれる症状の大部分は、いまだに非可逆性で非回復性であると決めつけられたままである。会話は解体し、同じ内容が繰り返され、内容が乏しくなる。心理療法の機能のなかで、対話者が誰であるかきちんと認識できず、別人物とみなされることもある。それでも、そういった対話の内容には、たくさんの臨床的素材が含まれており、患者と共に、その人自身の人生経験のなかで寄り添うための作業をすることは不可能ではない[1]。

途切れることなく存在してきた感覚や、主体に固有の現実と外的現実がはっきりと区別されたなかでの自己および他者への安定した備給関係は、思考が展開されるうえで貴重な受け皿である。その受け皿は、脳の老化に関連した数多くの病いによって、ひどく損なわれる。また、記憶とは、アイデンティティの主要な支柱であり、過去、現在、未来を結びつけ、さまざまな対象を認識したり、相手を信頼したりする可能性を保証するものである。忘却できる能力は根本的に重要なものではあるが、忘却が「存在における穴」[2]のようになるとき、それは心配、さらには極度の恐怖を引き起こす。

1．思考の障害

思考が生まれ、展開し、構造化されるプロセスに関する精神分析の研究（フロイト、ビオン、グリーン）によって、その作用がどれほど複雑であるかが示された。表象に支えられた心的内容物のなかで生じる感覚的体験といろいろな情動（それは抽象度の段階を伴う）[3]が、ある程度の距離を置きつつ関係をもつと、反省的思考に至る。脳基盤が損傷されると、関連づけを促進し興奮を抑える心的装置の能力が脆弱になるので、心的現実と外的現実を弁別することが難しくなる。ジェラール・ル・グエ[4]とマリオン・ペリュション[5]は、語表象の動員がうまくいかなくなるさまを、すなわち、命名し表象する際、指し示し区別する際の適切な語彙が欠如してしまうさまを描写している。言葉とは本来、問題とされる「もの」へと近づいたり、ときには表面的に付与されたり、問題とされる「もの」の特性を備えた感覚・情緒的文脈

---

1 Caleca, 2006, 2007; Charazac, 2009; Grosclaude, 1997; Oppenheim-Gluckmann, 2005; Ploton, 1996; Verdon, 2015b.〔巻末参考文献【16】【17】【23】【57】【78】【89】【106】〕
2 Ionesco, *La quête intermittente*, Paris, Gallimard, 1987.
3 〔訳注〕たとえば、ビオンは「グリッド」を提示して、情緒体験から思考が形成されることを指摘している（『精神分析の方法』法政大学出版、一九九九年）。
4 Gouès, 1991.〔巻末参考文献【68】〕
5 Pérution, 1994.〔巻末参考文献【82】〕

を考慮するためのものである。情動がつながりをもたらし、臨床家が目の前にいることを主体が肯定的に捉えられるなら、臨床家は、過去の出来事を改めて思い出すのを効果的に後押しできるかもしれない。

なかには、症候学的にみて思考能力の制止や貧困化というラベルをつけられた病像を呈する者もいる。象徴化や否定の能力が消え、言い間違いをすることもなくなり、知覚されるものや具体的な対象に過剰備給して、判断の障害や自動症、言語新作や保続症などを伴うこともある。しかし、連想的プロセスがうまくいく者もおり、たとえ、その論理的脈絡や時間的・空間的な見当識が解体していても、それでも自己や対象に備給することができる。ペリュションは、幻覚症状や妄想的構築物は、欲望や期待、失われた対象の関係修復などの表現に裏打ちされていることを示した。[1] これらは、知覚同一性[2]の特徴をもつ新たな現実のなかで生じているが、馴染みのある心的内容物への過剰備給によって対象の欠如を埋め合わせようとする。こうした本質的な特質が、思考や不安を結びつける一方で、こころの機能は崩壊する。かつては結びついていたプロセスが溢れんばかりの興奮によって破損しているというのに、メンタライゼーション[3]能力の喪失に関わるトラウマを、主体はどうやって扱うことができるだろう。表象が解体しても、知覚‐情動‐運動という極による中継ができれば、対象備給がみな大規模に崩壊するわけではない。内的現実から引きだすことのできる患者は、ときに具象的な外的要素（ぬいぐるみや目の前の通行人、雑誌に掲載された写真の人物など）に備給することができる。それらは、患者がときに喜びをもって統合する、生き生きとした現実的なものとなる。その死が忘却／否認／抑圧されている両親像への備給には、しばしば、ナルシス的な強化を目論む対象備給を強引に維持する理想化がみられる。実際に、こうした防衛的補修の脆弱さに留意することが重要である。防衛的補修は一過性の移ろいゆくものだが、それによって世界の奇怪さに耐え、信用できる意味づけをし、ナルシス的な解体や抑うつ的な破綻になんとかして立ち向かえるようになる。

D婦人は数分前から、母親が次回訪ねてきて、おやつをもってきてくれるのが楽しみなのだと臨床家に打ち明けている。自分はまだ十二歳なのよと語る。彼女は、介護助手が自分の目の前に食事トレーを置いて、皿に盛られた肉を細かく切り分け始めるのを見つめている。D婦人は、介護助手が作業する手つきを眺めつつ、それから臨床家の方を向いて次のように語る。「私がどういう状況にあるかわかるでしょ？　自分のお肉を切り分けてもらわなきゃいけないのよ……」。

認知症の病態に伴う重度の精神的な解体と退行を理解するために、ル・グエ[4]は、「こころの溶解」と

1　Pérution, 1994, 2011.〔巻末参考文献【82】【84】〕
2　〔訳注〕フロイトが「思考同一性」と対にして用いたメタサイコロジーの用語。一次過程では、充足体験によってできた対象の像と同一の知覚を再び見いだそうするが、二次過程においては、思考水準の操作が知覚同一性にとって代わる。
3　〔訳注〕自分や他人のこころについて思いを馳せること。
4　Gouès, 1991.〔巻末参考文献【68】〕

いう用語を提唱し、モンターニ[1]は、デメンタライゼーション[2]という用語を提唱した。これらは、認知リソースの活用のみならず、主体と内的対象との関係も無効にしてしまう。そのとき、目下の知覚によってもたらされる心的活動は、残された昔の知覚の痕跡と入り混じり、不安や悲哀を含む、ときに強烈な感情状態になる。それは、原因を把握する言葉とは結びつきにくい感情状態であり、身体をたよりとするか（触る、こすりつける、叩く）、ときに暴力的な行動をたよりにしてしまう。そのため、早期の快の体験（満腹、排泄、均衡）にしばしば非常に近しい部分的満足が強調される心配が前面に出る。そういった心配が昂じると、身体的に、そしてできる限り精神的にもしがみつける介護者の存在が早急に必要となる。だがときに、心的装置のまとまりが失われてしまうために、患者は会話するのも苦労し、何か意味あることを言わんとしているのかどうかもはっきりしない言葉を使うことがある。緊張の高まった感覚や体験は、周りの人たちにとってはしばしば理解することが困難である。

T婦人は、廊下に立ち尽くして「喉が渇いた、喉が渇いた」といつも繰り返している。けれども、介護者たちがコップの水を渡そうとしても、それを拒絶し、介護者の身振りを理解していないように、そちらの方に目を向けていた。この懇願は、潜在的に現勢的なものであると同時に、苦痛を取り除くとまではいかないかのようだった。介護者たちの身振りと、自分が発する言葉を結びつけられないわずとも、栄養を与え満たす機能としての母親像とつながっていた幼少期の大切な経験が根底にあるが、そこでは何が意味されているだろうか。発せられた言葉は、他者に向けられた語りだろうか。

そうした言葉には、介護者が、この言葉について知っているつもりの意味を含んではいないのだろうか。言葉はそれでも、生き抜くために不断の懇願、根源的な懇願の痕跡なのだろうか。

臨床家たちは、欲望がいつまでも生き生きと存在していることの証人として、患者本人には必ずしもかつてのものとはみなされていない（エクムネジー）[3]心的内容物を懸命に聞き取ろうとする。そうすることで、患者の心的活動を補強することができる。グループや臨床面接で話すことは、認知リハビリ教室などを補い、その人が今なお使えるリソースを支えるうえできわめて貴重であることが知られている。そして、困難を抱えた人は、その人固有の思考装置を得て、多少なりとも自由な連想の助けを借りて、そのプロセスを再起動させる。同時に、連想が途絶える場合には、不安からの防衛という性質も潜在的に帯びていることが確認されるので、いくらかの目安にもなる。

1　Montani, 1994.〔巻末参考文献【73】〕
2　〔訳注〕démentalisation：認知症（démance）を意味する「デマンス」と「メンタライゼーション（mentalization）」とをかけた造語。
3　〔訳注〕新規健忘。現在のことを忘却し、過去の記憶をあたかも現在のことのように再生すること。

2. アイデンティティの障害

すでに見てきたように、脳の損傷によって害が及ぶのは、認知的領域や知的領域だけではない。原因と目されている病理や障害を受けた脳の領域に応じて、そしておそらくはまた、神経学的な疾患を呈する以前からのこころの機能の構成——そのあり方は解体（およびそれによって生じる不安や抑うつ）に対して多少なりとも効果的に防衛を働かせる——に応じて、老いて病める人は、自分自身についての認識や、周りの物質的・情緒的環境に関する理解力を著しく悪化させることがある。ジャン・メゾンデュー[1]やルイ・プロトン[2]は、実際に、病気になったからといって個別性や尊厳、人間性までもが喪失するわけではないことを家族や援助者だけでなく、患者も決して忘れることがないように、多大な尽力をしてきた。彼らは、老人を子ども扱いすることのリスク、すなわち、理解力や行動力に欠くからといって、その人の欲求や欲望を一時しのぎの物質的解決で済ましてしまうことのリスクを訴えた。それは、患者の対応を考える際に、刺激を与えて教育する方法で、しかもときにはきわめてマニュアル的に考えてしまうリスクである。そういう場合、その人独自のこころのダイナミクスを理解しようとする試みが、しばしば忘れられてしまう。著者らがさらに主張するのは、獲得してきたものが単に失われ、変容し、消えたとみなすのではなく、こころの機能がどのようになっているのか、こころの解体のダイナミクスがどのようになっているかを考察することである。彼らは、病める患者のそばで長年にわたって携わってきた臨床経験に基づいて、患者の心的生活が、年老いても存続していることを伝えようとしている。というのも、アイデンティティの傷つきには、認知プロセス（判断、弁別、決定の能力、自分を認識して、自分の名前を言え、自分がいる時間と場所がわかる能力）に裏付けられた自己意識だけでなく、こころの機能の構造のナルシス的かつ無意識的な基盤も関わっているからである。その基盤が脆弱になると、自分自身を大切にする力が蝕まれる。あるいは、自己に過剰な備給をしてしまうあまり、脆弱になっているもののすべてを否認し、ときには、普段の対象備給から離脱してしまう。それゆえ、アイデンティティに関する障害が、脳基盤の欠損によって実際に生じた症状と見えるにしても、メゾンデューは、身体的‐精神的解体という性質を帯びうるナルシシズムの大々的な脆弱化についても問いを立てている。自身の死を考え、失墜という刻印を無理矢理押される老いを考えることは耐えがたいし、内的対象も外的対象も喪失する経験も耐えがたいものである。そういう耐えがたさは、思考や記憶や理解などのプロセスにおける病的なメランコリー性の脱備給を引き起こしかねないし、アイデンティティに関しても無関心となりうる。その結果、認識すること、同一視すること、そして何かに立ち向かうことがもはやできなくなる。累積されたトラウマや、人生史における抑うつ体験の重みを受けたこころのワークスルーが行われない喪失体験に関して、さまざまな仮説がこのようにして作り上げられた。

臨床家が実際に注意を向ける不安の源泉は、もちろん機能が現に低下し、そのせいで施設に入所すること〔施設化〕、日常的に理解不能な状態に晒されることと関係している。だが、それだけでなく、不安

1　Maisondieu, 1989.〔巻末参考文献【70】〕
2　Ploton, 1995, 1996.〔巻末参考文献【88】【89】〕

の源泉は、原初的不安や無力感や寄る辺なさ、見捨てられ不安や寸断された不安が再び現前することとも関係している。物忘れがひどいので自分に自信がもてなくなり、潜在的に自分が危険な状態（水道やガスを使用するとき、車を運転するとき、身なりも整えず、来た道を思い出すのもままならないのに外出するとき）にいて、忘れっぽいと言われ、物忘れしたのも忘れていることなどに気づくのは、とてつもなく不安を喚起させる経験である。上記のような経験は、それ自体が不安にさせるものだが、かつて習得し、日々の生活で造作なくできていた自律能力が喪失したことを意味する点においても不安をもたらす。さまざまな機能が豹変してしまって以来、こうした障害を呈するようになった患者は、周りの環境（場所や人）を頼ることが事実上きわめて困難になりかねないので、頼りになる環境を見定めるのにひどく苦労する。実際、記憶や見当識の障害のせいで、妄想様の不安が昂じ、他者のせいで略奪され侵略された事実と結びついてしまうことも珍しくない。[1] なかには、脆弱で依存的なのに、絶えず拒絶的で反抗的な患者もいれば、あらゆる個人的意思をあたかもすべて放棄して、ときには病気の当初から、子どもや配偶者たちに全面的に身を委ねてしまう人もいる。委ねられた相手は、慰めの源として備給されることもあるが、関心をほぼ寄せず道具のような扱われ方をされることもある。あるいは、よそ者として備給されたり、あらゆる状況を解決してくれる自己の延長のように備給されたりすることもある。

そのためル・グエ[2]は、自我は分割されていると言及した。自我の生き生きとした部分は、そうでない部分が廃れつつあることを多少なりとも把握している。この現象は、一過性ではなく固定的で回復の見込めない離人症である。そして、自己の一部が奇妙で不安を惹起させ、かつ慣れ親しんだダイナミクスと一貫性を持たなくなるという意味において、不気味なものである[3]。彷徨（しばしば、安易に「徘徊」とみなされる）や脱抑制などの行動は、実際のところ、神経解剖学的な因果性だけに必ずしも帰されるべきではない。機能的な側面も有意義な側面もすべて消し去られてしまうからである。その一方で、心的因果性も、同時に、そして常に作動している可能性が十分にある。もっとも、客観的に認めるのは容易ではないし、単純化することも、決めつけることもできないのだが。心的生活は存続しており、たとえ依存性が強くなり、見当識が失われ、貧窮したとしても、欲望、愛や憎しみ、見捨てられ不安や全能感の自惚れなどが表現されることで潜在的に培われ続ける。こうした心的生活に関する問いを前にして、臨床家は常に、観察される行為の、とりわけ、夫婦、家族、施設の組織で出来上がった秩序を掻き乱すような行為の主観的側面を探索せねばならない。つまり、（自傷・他害などがみられる攻撃的な場合を除き）体よく導いて抑え込むのではなく、その人の名誉を回復させ、寄り添うために探索するのである。不安を和らげるためには、人間関係上のケアが実際に深刻に問われる。そうすると、退行的行為（体を摺り寄せたがったり、母親を呼びつけ探したり、ぬいぐるみや布切れに備給して、絶えず抱えて触ったり、握りしめ

1 〔訳注〕老年期の臨床事例で多くみられる「物盗られ」妄想などを指す。
2 Goüès, 1991.〔巻末参考文献【68】〕
3 〔訳注〕フロイトの論考「不気味なもの」（一九一九）を参照のこと（『フロイト全集19』岩波書店、二〇一〇年、一一―五二頁）。

たり、あるいは指しゃぶりをしたり）のなかから、生き生きしたリビドー的満足や自体愛的満足、自己安心的満足などを見分けるために留意することができる。これらは、自身と自分に近しい人たちとの別離という事実に暴力的に直面する苦しみのなかにいても、助けを求めることができる可能性を示している。患者たちはこのように、周囲の環境や雰囲気に対してきわめて敏感であり、刺激が多すぎても少なすぎても不安になることがしばしば見受けられる。だが、本人がまだできることと、もはやできないことのごく周辺に、人間味溢れる支援がもたらされるなら、ときには思いがけない内的リソースが（注意や記憶、言語の側面において）発揮されることもある。

心理療法を提供することで目論むのはまさに、過去と現在に関する語りを（それらがいかに混同されようとも）聴いて、主体のアイデンティティ感覚を支えることである。それは、主体を取り巻く対象や内的対象への備給を支え、話ができる誰かと共に居ること、ずっと居ることに喜びを感じられるようにし、さらには、この対話者にとっての関心の対象になることである。これらはみな、過剰な興奮や挫折を防止する。ピエール・シャラザック[1]やカトリーヌ・カレカ[2]は、この種の援助をする際に固有の逆転移のあり方について優れた記述をしている。まず、その人本来の思考が解体するときや言語化が難しいとき、患者の機能が低下したとき（会話に入っているときもあれば、うわの空であったり、おしゃべりしたり、怒りっぽかったり）に寛容な気持ちであること。患者が触って安らぎを求めることに開かれており、臨床家が別の誰かとみなされた際の大規模な転移性備給に寛大であること。そして、困難や疲労、倦怠、攻撃性、不安などを感じたことに伴う失意や抑うつの動きに注意を払うことももちろんある。こうしたアプローチを取ると、臨床家は同時に、患者の近親者や介護者が行っている心理的再編成について聞くことができるし、施設そのもののダイナミクスを聞くこともできる。施設のダイナミクスは、たとえば、個々の治療方針を長期にわたって考えることが難しく、日常や事実の繰り返しに陥っている場合などの機能不全から見て取れることがある。

心理療法的な取り組みが、その限界を意識しつつ自我に働きかけるのは、シャラザック[3]が適切に識別したところにならえば、「自我を消失させるための作業」ではなく、「消失する自我の作業」である。それは、判断の混乱と結びついて心的生活を蝕むものを食い止め、神経解剖学的基盤の損傷を被った認知プロセスを抑え込もうと試みることであり、その目的は、患者が最期まで「私（je）」と言える可能性を残すためである。

1 Charazac, 2009.〔巻末参考文献【23】〕
2 Caleca, 2012.〔巻末参考文献【18】〕
3 Charazac, 2009.〔巻末参考文献【23】〕

Ⅲ 「身近な介護者」と呼ばれる人たち

あなたの父母を敬え。それはあなたの日々が長くあるためである。
――出エジプト記（二〇章一二節）

ここでもまた、日常的に用いる言葉について、それが指し示す現実の複雑性を見誤らないために留意することが重要である。そうした言葉は、安易に頻用されることでその複雑さがいつも覆い隠されてしまうからである。「介護者（aidant）」という用語は、英語で「ケアする人」を意味するケアギバー（caregiver）の仏訳である。つまりこの言葉が強調しているのは、専門的なつながりがあるケアの機能（専門的介護者［aidant professionnel］と呼ばれる）、あるいは情緒的なつながりがあるケアの機能（とりわけ夫婦や親子のつながりだが、近親関係の場合もある。そのため、身近な介護者[1]［aidant naturel］と呼ばれる）である。しばしばそうされてしまっているが、ケアの機能がもつ不確実な部分を消さざるをえない役割に、こうした人々を押し込めてしまうのは危険である。ケアには、惜しみなく面倒をみるための技術的側面だけでなく、関係性のあり方、さらには当然、幻想のあり方も大いに含まれており、それによって関わる人たちを結びつける。

実際のところ、ある人の苦悩をわが事とし、行動の障害や要求、忘却や漸進的悪化、来るべき死などを受容するのは、当たり前のようにできることではない。そこには、情緒的なアンビヴァレンス（愛と憎しみ）や理想、償いの欲求、さらには自己犠牲などが大いに関与している。意識的な水準においても、そして何より無意識的な水準においてもそうである。それに、多くの人たちが、病気の親の期待に満足に応えられず、十分に共感できないことから、早々に罪悪感や恥をもつことがある。あるいは反対に、二人の個性の違いは不安定で、鏡像的さらには融合的なときもあれば、分裂しているときもある関係なのに、常に完璧に状況を統制できていると確信するかもしれない。実際のところ、患者の近親者が、つらいうつ状態を呈することも珍しくない。しばしば、そうした人たち自身も高齢で、不安や睡眠障害や疲弊状態にある。いわゆる重荷という意味での客観的負荷だけでなく、内的不安定感という主観的負荷もかかっているのだ。

こうしたことを予防すべく、介護者向け研修プログラム（病気の知識、障害の予測・予後、緊急時対応、ストレスの同定とそのマネジメント、ケアの本質的態度についての教習など）が、良質の指導テクストのなかに教育的意図のもとで提供されている。もちろん、それは大事なことである。けれども、シャラザックがいみじくも主張しているとおり、「そういったプログラムには、ある種の盲点がある。それは、介護される者への介護者の愛だ。支援関係ができたときには、すでに自然に想定されている類いのものであり、

1 〔訳注〕英語では、「インフォーマル・ケアギバー（informal caregivers、非公式の介護者）」と呼ばれ、専門職の介護者と対置される。

あえて維持しようとする必要もなければ、それについて語るまでもないものである。しかし、こうしたプログラムが厳密にいって教育的とみなせるのかということは、「教育的」という言葉の裏に、抑圧されたものの回帰が隠れていると考えさせられる」[1]。なぜなら、情緒的な動きや幻想、そしてそれらを下支えする欲動は、支配的な動きや副次的利得、マゾヒズム的補修やサディズム的満足、近親姦的満足のように、調教できるようなものではないからだ。施設であれ家庭であれ、虐待が起きるのは珍しいことではない。脆弱な人に対して、親切な思いやりをもち続けて援助することの難しさを物語っている。そうした脆弱な人たちは、身体的にも精神的にも傷ついていて、特に自分が誰を相手にしているのか、何が求められているのかを理解していないと、ときに反抗的となる。フロイトは、この自明とされている愛および献身の関係性を問題視して、暴力という世間的に評判の悪いものが人間の本性にも由来すると主張した。

人間とは、誰からも愛されることを求める温和な生き物などではなく、生まれ持った欲動の相当部分が攻撃傾向だと見て間違いない存在なのだ。そのために、人にとって隣人とは、ときに助っ人や性的対象ともなる存在であるだけでなく、こちらの攻撃性を満足させるように誘惑する存在でもある。隣人を見ると、人はつい見返りもなしにその労働力を搾取し、同意も得ぬまま性的に利用する、その所有物を奪い取り、侮辱し、苦痛を与え、虐待し、殺したくなるのである。[2]

たしかに、諸々の防衛が働いて、こうした幻想的な要求が控えられ、そこから得られる満足を制止し、さらには幻想的な要求を対抗備給するようなこともある。しかしながら、こうした防衛にも、理想化されたマゾヒズム的な方向に変わる可能性があり、外部の支援を拒絶して、ケアを受けることのナルシス的満足に浸ることもある。それゆえ、病める人の近親者たちは、自分の最初の「役割」を決して捨てないようにすることがとても重要である。つまり、その人の介護者ではなく、まず何よりも配偶者、あるいは子どもであるということである。理想や愛情に溢れていたとしても、近親者は、アンビヴァレントな感情や、完璧でなくても構わない権利を表明しつつも、共に居て、理解されなくてはならない。

1 Charazac, 2005, p. 142.〔巻末参考文献【22】〕
2 Freud, 1930, p. 297-298.〔巻末参考文献【22】〕〔訳注〕「文化の中の居心地悪さ」『フロイト全集20』岩波書店、二〇一一年、一二二頁。

第六章　臨床と治療の実践

　こころの健康に関する研究では、進行中のプロセスをより良く理解することを通じて、臨床評価だけでなく、治療方針の水準においても、その実践が改善することに大きな関心を寄せている。精神分析的心理療法は、精神機能についての異なる理解のモデルに準拠している投薬や心理療法的介入などのほかのアプローチを補完するので、結びつけて捉えるならば、きわめて重要なものとなる。というのも、精神分析的心理療法は、転移・逆転移のダイナミクスや内的現実の実効性と分かち難く結びついているからである。しかし、外的現実の避けがたい制約のせいで、治療的アプローチを検討する機会をめぐって数多くの抵抗が引き起こされる。とりわけ、患者が高齢であることに加え、心的障害やハンディキャップを課す神経学的な機能低下によって、身体の面でも理解力の面でも衰えているような場合はそうである。

I　高齢者の精神分析的心理療法

心理療法は常に個別的なものなので、治療方針を考えるのは複雑な作業である。こと高齢者に関していえば、その作業は、一層複雑になる。というのも、多かれ少なかれ時間というものが考慮されるし、自発的に心理療法を求めてくることなど滅多にないからである（若い世代においては「メンタル」に関する事柄が身近にある点、より良く「年を取る」ことに関心が向けられている点、こうした心配を話せる可能性が出てきている点から、事情はすでに変わってきている）。しかしつまるところ、高齢者の抑うつ的な不安や苦悩の源泉の多くは、もっぱら外的現実に由来するという強力なイメージがあり、外的現実は逃れられないもののようにみえる。そのようなわけで、心的苦痛は解決しようがないものだと、患者たちもその近親者も、そしてときには医療や看護ケアチームも強固に確信してしまう。とはいえ、大切に維持していた理想をもはや満足させられないと確信し、自分は無力で無視され、自分で選んだわけではない人からのケアに頼らないといけないと心配することが、抑うつ不安やナルシス的苦痛を強力にかき立てるのであれば、そういった確信や心配は、なにも老年期だけに限ったことではない。

治療で目指すのはまさに、かつては多かれ少なかれ体よく代償され、静かに奥深く埋められ、そして、年老いてから事後的に再び活性化したものを、心的場面において意味あるものにすることである。それは、過去を変えることではなく、ただ、主体と過去の関係を変えることである。すなわち、過去に意味を与えようとする試み自体を変えるのである。そうして、その試みを反復せずに再開する。一方で、年老いた人たちの要望は、「内的かつ個人的な自分史の全体にまなざしを向けて、自分の人生の最終目的地を人生全体の軌跡の上に位置づけようとすることである。老いた者は、自身の存在のなかに、内的一貫性を見いだす必要がある」。ダニエル・キノドス[1]は、このように述べて、断片的な思い出をただ並べるだけの作業ではなく、修正し、配合し、結びつけていく総括、すなわち記憶の作業を強調する。ジュリアン・グリーンは「私は自分の人生全体、生まれてから死ぬまでを通じて伸びている、髪の毛よりももっと細い糸を見つけ出したいのです。その糸が私の人生を導いて、結びつけ、説明してくれるのです」と書いている（『夜明け前の出発』[2]）。

心理療法は外的現実には介入しない。心理療法で老化や活気の低下を防げるわけでもないし、近親者の喪失、ましてや死を防げはしない。治療的枠組みの目的は、この現実を隠すことではなく、自己の内部と外部という二つのレベルの緊張状態を維持しながらも作業できるようにすることである。自己の内部で苦痛であるものは、自己の外部で苦痛の源泉となっているものには還元されえない。したがって、問いは常に、「そこでは何が失われたのか」、「老いる体験のなかで、ひどくいためつけられたわけではないにしても、邪険に扱われたのは何か」というものである。繰り返すこと、苦しむこと、沈黙を強いることに嫌気がさしてくると、ときに、自分の物語〔＝歴史〕や自らに固有な心的生活に対して、さらには生活史のなかでより平穏に生きることを妨げているものに対して、真の好奇心を示す。高齢者は、そのようにして自分自身についての治療作業の要望を表明することができる。

精神分析に基づいた心理療法を提供する際は、患者が自分自身に向き合おうとする能力や（自由）連想的なダイナミクスに身を委ねられる能力を査定しなくてはならない。そのような連想のダイナミクスは、部分的にコントロール不能で、現在起きていることとは無関係である。さらに、以下のような査定の実施も重要である。それは「自我のリソース、自我を脅かす危険、防衛の質についての入念な予備的査定である。それをしておかないと、たとえ気をつけていたとしても、治療者は患者を、その人固有の現実に適合させる作業ではなく、いわゆる高齢の主体と呼ばれる構築物、あるいは、より批判の余地ある言い方をするなら、ふつうの高齢者の構築物に適合させることになるだろう」[3]。連想する能力が低く、心の柔軟性もいまひとつの高齢者のなかには、現在の重みに大いに引きずられている心配事に苛立っていることがある（リラクゼーションのような身体を媒介にした治療的装置は、それゆえ非常に当を得たものとわかるだろう）。その一方で、幻想生活をよりうまく動かせる高齢者もいる。そういう人たちの幻想生活は、「時の移ろいと見事なまでに無関係なままでいる。老いゆく主体の肉体的側面のせいで、私たちはそのこと

1　Quinodoz, 1999, p. 407.〔訳注〕スイスで活躍した精神分析家。晩年の著作『老い——ある発見』では、老いの困難に触れている。夫は『フロイトを読む』（岩崎学術出版社、二〇一三年）などで知られているジャン＝ミシェル・キノドス。

2　Green, *Partir avant le jour*, Grasset, 1963, p. 76.〔訳注〕邦訳は『夜明け前の出発』（品田一良訳、講談社、一九六七年）、『世界文学全集　第35』（講談社、一九七〇年）など。

3　Charazac, 2001, p. 5.〔巻末参考文献【21】〕

を忘れてしまうが、治療で寄せ集められる素材によって、ただちにそれを思い返す。転移や幻想、白昼夢といった素材の吟味がわずかでもできれば、私たちは、歳月の容赦ない蓄積のもとに置かれた状況とは無関係の劇場版が現れるのを目の当たりにするだろう」[1]。それゆえ、年齢を考慮に入れねばならない場合でも、治療においては、内的現実が、明らかに主要で大きな役割を果たしていることを常に主張しなければならない。というのも、そこでは、自由連想が繰り広げられることで、過去と現在の物語、さらには、抑圧され、隔離され、分裂した表象が回帰して、転移として現れるからである。こうしたことから、こころの機能の異なるプロセス、そして異なる部分が複雑につながっており、そこにおいて脱構築の作業、想起の作業、象徴化の作業、自分のものとする作業などがなされていることがわかる。

II　転移と逆転移の効果

患者の変わりたいという要求によって少しずつ繰り広げられるものや、変わりたくないという抵抗から見えてくるものに応じて、臨床家自身も耳を傾けながら、自らの立ち位置や自身の問題に取り組み、さらには複数の同一化を試みる。臨床家の方が、患者よりも年齢が若く、人生経験も乏しいことは一目瞭然である。しかし、それでもやはり、外的現実はもちろん、内的現実も考慮するという点において、治療的枠組みの保証人となるのは臨床家である。臨床での出会いの「今ここ」において、内的現実を構成し動かしていくさまざまなもつれを展開していくことができるからである。

ナルシス的備給とプラスをもたらす対象備給を維持する能力が根本的に損なわれている患者もいるので、徹底して満足を与え、こころの支えとなる聞き役に徹する立場でいるべきだと主張されてきた。このことを検討する場合、ナルシシズムを再建し、快の源泉から備給の再起動を目指す立場は、それ自体として排除すべきでは決してない。しかし、こうした立場は、心地よさや気晴らしを、とりわけ施設では即時的、直接的に与えるという口実のもと、あまりにも過剰な誘惑や慰めとなり、子ども扱いしすぎてしまうリスクがあるので、検討し直さねばならないように思われる。施設では、複雑に入り組んださまざまな要因によって、患者は重大かつ慢性的にも危機状態に晒され、無知で無為な状態におかれる。患者は、相手が誰であれ見境なく要求し、情緒的な貪欲さや満足の追求をあらわにする。こうなってくると、両親像を是が非でも修復して守ってあげたいとの気づかいが、臨床家が取るスタンスのなかでも問題あるものとなりかねない。なぜなら、そのように気づかうことで、中立性や即時的満足の断念のための余地を消してしまうからである。やはり、中立性や即時的満足の断念は、患者を邪見に扱いかねない潜在的なアンビヴァレンスを、節度ある仕方でかき立てる重要な手段である。高齢の患者が、罪悪感や不安、抑うつなどの状態にあるとき、欲求不満や失望、競合心や敵意などが果たしている役割を過小評価してはならないが、臨床家は、それらの表出を予測して、理想的ではない両親像に遭遇した際に、

1　Le Goüès, 2000, p. 125.〔巻末参考文献【69】〕

回避行動を取りかねない。ナルシシズムが試練に晒される老化において、患者が、自己の分身のように臨床家に備給するようなこともある。はじめのうちは、（それがすべてというわけではないが）もらえるかもしれないご褒美に応じて備給しても、そのうちに治療的枠組みや臨床家の人柄、人生経験の少なさを価値下げしてくる。ただそれでも、自分が見捨てられ、関心が失われる対象になる懸念は前面に出ている。熱心な配慮で患者を満足させ、適切な距離を作りだせないと、臨床家は、このような攻撃を受ける危険を警戒してしまい、患者が自らのうちでこうした現実に向き合う可能性を消してしまうのである。

反対に、退行するあり様や高齢者の無能力さに我慢できない臨床家もいる。提供する治療的枠組みが、容赦ない厳密性によって維持されていると、完全無傷に老いていくという矛盾した規範や命令にかこつけて、患者の補修を見逃してしまうおそれがある。患者が心的葛藤の言語化や取り扱いに苦心している際、補修は貴重なものである。衰え、無能力、喪失、そして死などは、紛れもなく患者の現状であるが、それゆえにこれらを外在化したり、患者自身のうちに留めおいたりする形で片付けられてしまう。その一方で、こうした患者の現状は、臨床家にとっても同様に、（ただし、患者とは別の仕方で）不安や抑うつ的な幻滅を潜在的にかき立てるものである。臨床家は、改善や修復が見込まれる修正の源と確実になる道のりに入っていくのを見逃すわけにはいかない。

なかにはそこで、上手に持ちこたえて、治療作業をしていける場合もあるが、私たちの前を行く他者のこころに宿り、ひどくかき回しているものに耳を傾けると、治療者は否応なしに不安、満足感、罪悪感がかき立てられ、中立的かつ好意的に傾聴できなくなることもありうる。息子や娘、父や母などに由来するさまざまな人物像は、誘惑と競合、羨望と感謝のはざまにあって、治療の経過中に必ず動きだす。それは患者と臨床家にとって、過去が現在になることを表している。ここに見いだされるのは、こころの働きを考えるうえであらゆる基礎となる事後性の次元である。つまり、トラウマがこころのバランスを問い直して、永遠に忘れ去ったと思っていた問題を明るみに出す。そして、「理解してくれる誰かがいる」ときに初めて「細やかに書きかえられ、複雑な意味の練り直しがなされる」[1]。事後性とは、強固すぎる固着にも、変化に適した可塑性にも対応できるので、再編成や再組織化による変容のひとつの可能性である。そして、事後性には、代償不全や反復というリスクと共に、開いて取り扱い、掘りおこす機会をもたらしうる心的な効能が含まれている。

III　寄り添い、刺激を与え、リハビリする

関係性のダイナミクスの問題と同様、個人および集合的な関わりに着眼するのは非常に重要である。というのも、治療方針を立てるのは、依存的な状態にある患者に残されている機能を強化し、判明している欠損を補完し、そして、欠損してはいるが改善の余地があるいくらかの認知的方略や手先の器用さ

1　André, 2010.〔巻末参考文献【5】〕

を再び取り戻せるよう促すことを見据えているからである。患者側に、もっと上手に話したい、もっと注意を働かせたい、自分にとって不在あるいは異物のように感じられる身体をもっと自律的に動かしたい、という明確でしっかりした関心がある場合でも、治療者の思いと患者の状態との不一致がみられることがしばしばある。そうなると、専門職の欲望と患者の構えが調和しない状況になる。

トラウマ的な出来事に晒され、くたびれて見える老人たちの従順な姿を目の当たりにしたり、反対に、ときには暴力をも伴う反抗的行為に遭遇すると、ケアする側は、否応なしに不満や落胆を感じ、強情になったり無関心になったりしてしまう。重篤な脳病理が進展すると、いかに活発で豊かな知性をもつ人でも、寝たきりの状態や依存的な状態になり、生きるうえでの最低限の欲求すらままならなくなる。そういう今日的な背景においては、専門的能力があり、患者たちの前で優れた関係づくりの能力を発揮できたとしても、自分自身もいつかは切り札を失ってしまうのではないかという不安に襲われるかもしれない。自律性や判断、決定力や行為力、そして修復し回復する可能性に安堵したいと願う意志などを保証するものが失われる不安である。そうなると、非対称的な関係性によって作動する誘惑や支配の影響がわからなくなったり、患者が投影し、ケアする者が形成した理想像を理解し損なったりするおそれが出てくる。リハビリを目的とした援助が正当になるのは、患者にとって意味がありえて、かつケアする者が次のことを認められる場合に限られる。すなわち、自分の関わりによって、患者の内にある「こんな不慣れな身体、衰えた能力と共には生きられない、生きたくないかもしれない」という気持ちを隠蔽するようなことは決してないと認められる場合である。

このように、どのような立場の専門職であろうと、自らのなかで何かが起きた、という患者の内面的な確信に触れようと試みることができる。それは、トラウマ的な事故や目に見える肉体的損傷、あるいは内的な傷つきといった物質性を超えたところにある。自らのなかで、といったのは、患者の人柄、人生史、他者との関係、欲望、幻滅などが負っている傷つきからなる全体的文脈において、すなわち、この危機状態に際して取り組まれる総体として、という意味である。いかなる治療方針にも、後退、疑念、疾病利得[1]、陰性治療反応[2]などが生じる可能性がなくてはならない。それらを楽しむためではなく、つらい歴史を抱えた主体と出会う以上、必ず生じるものだからである。そしてそこには、生きられるべき葛藤の横断があり、束の間とはいえ、比較的少ない困難で辿れる近道があるからである。

こうした豊かな臨床において、欠損とリソースに関する内的現実と客観的現実が扱われると、それぞれの現実がもつ特異な因果性の糸が複雑に絡み合っていく。私たちは、その人に固有のリズムを尊重し、たとえ高齢で病を患っていたとしても、その人固有の運命の担い手として患者を理解する立場から決して外れないようにする。

1 〔訳注〕症状形成によって得られる心理的・社会的・経済的利益のこと。
2 〔訳注〕治療が進展しているにもかかわらず、患者の症状が増悪したり、危険な行動化、中断の危機などに見舞われたりする現象。いわば、患者による治癒の拒絶。

結論　未踏と到達のはざまで

有限であることを受け入れなければならない。ほかのどこでもない、ここにいることを。ほかのどれでもなく、それをしていることを。今であって、決していつもあるわけでもない、ただひとつのこの人生を。

——アンドレ・ゴルツ『老い』[1]

老いゆく人たちが、衰退して退縮することに対して抵抗を示すことは稀ではなく、それはときに激しく強烈なものにもなる。自分のなかに少しずつ広がっていくこの他者は、なかなか認識できない異邦人のように現れる。この異邦人は、身体面でも精神面でも無傷ではないが、それでも自分自身であり、葬り去ったとばかり思っていた自分についての事柄を再び現勢化させる。くたびれた身体、放棄されたが忘れえぬ計画、挫折した諸々の欲望など、これらすべてが、自らに課されて抗いえぬ宿命に対する抵抗のダイナミクスに関わっている。しかしながら、老いの作業には、規範の型に嵌めることのないよう気をつけねばならず、統制から免れるものと協働する能力が試練に晒されるものである。協働とはつまり、自分自身と共に作業することである。それは、抑圧、屈服、服従、棄権、放棄などのなかではなく、断念と備給、変化と継続とがうまく結び合わされる平衡状態への道のりを一歩一歩進むなかでなされる。それは規範に嵌め込むことはできず、話を聞いてもらうことによって支えられるものである。そのなかで、数々のしくじりや虚しい要求と共に、その人のこころが固有のリズムで自己表現する不可侵の権利が認められる。

未踏を、自由に扱える可能性に開かれたものとして捉え、自分のなかでまだ統合されていないものと手を取り合うことができること。それができなければ、すでに死んだような骨皮だけの冷たい手を取ることに恐れをかき立てられてしまう。その一方で、抵抗は自我にとってつらいものを直面させる現実原則を無効にはせず、断念と対立することもない。さらにはまた、何らかの享楽をとことん見つけだそうとする試みのなかで自我が保たれると、抵抗は敵ではなく味方となる。敵としての抵抗は、反対に、変化に対立するときに現れて、さまざまな要求をしてくる。それでいて、時間が経過しないこと、愛する人やライバルたちが立ち去らないこと、死なないことを強く求めてくる。抵抗は、そうなると不届き者である。

抵抗と協働との同盟は、大理石の塊のように強固なものではなく、絶え間ない作業のなかで均衡がとられるものである。しかしその均衡は、常に崩れるおそれがあるので、そのしなやかさを評価することが肝要である。この作業を動員することには、大いに恩恵があると同時に、いくらかリスクも生じる。

---

1 Gorz, *Le Vieillissement*, Paris, Gallimard, 1961.

自律や成果を崇め立てることに魅惑され、心的苦痛がハンディキャップとみなされる今日において、ひと息つける能力、未踏を受け入れられる能力が発揮されるようになる。このように掘り起こすことは、今日的な居心地悪さと実際のところ激しく対抗している。現在の文明においては、理想と完全性とが混同され、即効性、効率の良さ、保守性が是が非でも賛美され、失望や差異や喪失に耐えられない。それでいて、素敵な老い方をすることが勧められる。さもなくば、もはや大人ではなく老いぼれとなる危険を冒すことになる。[1]

しかるに、死とはそうしたものに単刀直入に立ち向かうものである。生の終わりという展望をもつことによって、到達と未踏に内在する緊張のなかをなおも行き来していることに目を向けることに誘《いざな》われる。それは、終わりがひとりでにやってくることはなく（恣意的かつ不可避に、そして実質的に定められた期日〔余命、寿命〕を超えて、さらに少し生き伸びることもある）、「完遂し胸躍らせる充足」を保証する感覚は伴わず、そしてまた、おそらくはまず第一に、「停止したような状態になる沈黙、それまで存在の潜在能力によって突き動かされたものを、無に委ねさせる沈黙」[2]でもない、そのようなプロセスの終わりを告げるものである。余命の宣告は、別離、中断、断絶と確実に関わってくる。それは、見捨てられ遺棄された状態ではなく、さらにはかつてそうであったものや、もはやなしえないことを否認するなかで向き合うものでもない。むしろそれは、変色し研磨されてきたことを受け入れ、慈しみ深い、いろいろな理想によって容認される、ある種の断念のうちに果たされるものである。

時間のダイナミクスは、不連続性と切断、欠如、空洞によって養われていく。「愛する能力、夢見る能力、抑うつ的になれる能力が発揮される機会が得られるのは、この空洞、この沈黙に近づき、窮地に陥る危険を冒しつつ自らのなかに没頭することが認められるときのみであるが、隠れた源泉をそこに見いだせるという希望が伴われている[3]」と、ポンタリスも述べている。[4] 音楽において、陰鬱で重たく、ノスタルジックで内在的な調性に対して、リズムが切断されたり、テンポが遅くなったり、無音になったり、さらに言えば短調になると、繊細さ、すなわち私たち誰もが宿しているさまざまな傷に耳を傾け、開かれていくようになる。誰もが、自らの人生を最後まで全うするためには、自らの未踏を不十分なものとみなすことはできない。それは夢見た人生ではなかったかもしれないが、少なくともいくばくかの夢があった人生なのである。

---

1 Billé et Martz, 2010 ; Ehrenberg, 1991.〔巻末参考文献【15】【31】〕
2 Green, 1994, p.156.〔巻末参考文献【54】〕
3 〔訳注〕それぞれフロイト、ウィニコット、フェディダが重視したものである。
4 Pontalis, 2010, p. 56.〔巻末参考文献【91】〕

解題

堀川聡司

私たちは、人類史上いまだかつてないほど老いが身近にある社会を生きている。

昨今の人口動態統計の報告によると、日本における六十五歳以上の高齢者は、すでに全体の三割近くに上っており、今後もますます増加の一途を辿ると見込まれている。少子高齢化社会においては、労働人口の減少に伴う経済成長の停滞や、医療費・介護費をはじめとする社会保障制度の崩壊など、懸念される社会的課題は山積されている。

問題は、客観的な割合や制度のそれに尽きない。たとえば、平均寿命の伸長という事実から読み取らねばならないのは、かつてはリタイア後に五年、十年でけりがついた人生が、いまや数十年にも及ぶこともある余生を伴うようになったという点である。それは、もはや「余生」と呼ぶことがはばかられるほどに、私たちの人生の大きな部分を構成している。

そして、そこにはたくさんの苦痛と困難がある。老いの時期には、それまで築き上げてきた社会的役割や対人関係、身体機能や認知機能が失われ、手放すことを余儀なくされる。当たり前のようにあったものがなくなり、ふつうにできたことができなくなる。あまりに痛ましく、悲しい、そして避けようのない事実である。そのため、老いは忌避され、ネガティブなイメージが付きまとう。醜悪、あるいは崩壊と言う人さえいる。

しかし、こうした見方は、一人の人を子ども、思春期、成人、という直線的かつ一方向的な流れで捉える老人像である。喪失を経験することで初めて得られる人生観があるかもしれないし、幼年期から現在に至るさまざまな経験を異なる形で位置づけることで見えてくる全体像があるかもしれない。老いには、創造的な側面もあるのだ。

本書は、老いた人々のこころに生じるさまざまな問題群に光を当てることを試みた一般書である。その特徴は、何よりも精神分析の視座が一貫して用いられている点にある。精神分析は一見、老いとは縁遠い立場のようにも思われるが、それによって、老いという現象の難しさと豊かさを同時に照らし出している。

また、高齢者を対象とした臨床の知見、とりわけ精神分析や心理療法的な知見が少ない現状において、数々の文学作品を病跡学的に参照しているのも特筆する点である。老いのテーマを介することによって、ジュリアン・グリーン（第一章）、ユルスナール（第一章、三章）、イヨネスコ（第一章）、モーリヤック（第二章、四章）、ユゴー（第四章）、トルストイ（第四章）など、世界的な文豪たちが、少し違ったふうに再発見されるかもしれない。彼ら彼女らの主要作からすると意外に思われる場合もあるが、それらも紛れもなくそれぞれの文豪の一部なのである。

この解題では、精神分析に馴染みの薄い読者に対して、通読の補助となるよう、本書に関連する精神分析の知見を簡単に紹介してみたいと思う。

精神分析と老い

ヴィクトリア朝のウィーンで産声をあげた精神分析は、当初、ヒステリーなど神経症の治療にもっぱら主眼が置かれていたが、一〇〇年を超える歴史のなかで、その対象を大きく拡張していった。たとえば、子ども、精神病、ボーダーライン、自閉症などである。ただ、高齢者に関しては、精神分析の対象にはなり難いと考えられていた。そもそも、フロイトは五十歳以上の患者には精神分析は不適切であると明言していたし、今日でも高齢者に対する支援の選択肢として精神分析治療が第一に挙げられることは皆無と言って良いだろう。

たしかに、寝椅子に横になって自由連想をし、無意識に関する解釈が背後から伝えられるような形の精神分析が貢献するものはなかなか想像できない。しかしそれは、老いた人のこころに豊かな内面がないことにも、ましてや、それを軽視して良いことにもならない。著者ヴェルドンは、この超高齢化社会において、老いに伴うさまざまな変化や困難に目を奪われるあまり、個々のこころの私的で複雑な側面が見失われることを危惧している。もちろん、身体機能の低下、認知機能の低下、社会的な立場・家族との関係の変化などが当人にとってより大きな問題になることが往々にしてあるだろう。しかし、著者も言うように、老いとは、至極プライベートな内的体験でもある。子どもの発達心理学が提示するような包括的な一般化は難しく、その主体固有の事情を決して度外視できない。その内実は、多かれ少なかれ喪失に彩られたものだろうが、老いを経てひとつの生が完結することに鑑みれば、その人固有の歴史やこころのダイナミクスに関心を払うことは少なからず意義がある。

その点においては、精神分析の理論体系は寄与するところが大きい。もともとフロイトが構想したこころのモデルは、固定的な一枚岩でできているものではなく、複数の要素がそれぞれ影響しあっているものであった。それらはぶつかり合ったり、妥協したり、隠されたり、あるいは、別の形に加工されたり、圧縮されたりする。つまり、人のこころは静的（スタティック）なものではなく、動的な「ダイナミック」なものである（本訳書では、本邦の精神分析で伝統的に「力動」と訳されている語dynamiqueを「ダイナミクス」という言葉で統一することにした）。

老いを通じて活性化する、喪失経験や無力感・無能感、セクシュアリティや依存などは、精神分析がこれまで集中的に探究してきたテーマである。また、こころに関する諸概念だけでなく、精神分析の実践的技法も高齢者の理解に寄与できるものが少なくない。転移や逆転移を通じて、あるいは、陰性治療反応などの現象を通じてはじめて、老いた主体のこころのダイナミクスが現れる場合がありうるからである。

老いのこころを理解し、高齢者を支援するためには、学際的な視座は欠かせない。認知機能を評価し、身体機能や生活水準を把握するだけでなく、その人の人生史やこころのダイナミクスに注目する際、精神分析の視座が大きな力を発揮するだろう。

いくつかの専門用語について

著者ヴェルドンは、フランス精神分析の土壌で活躍する臨床家であるため、精神分析固有の概念を前提にして議論を展開している。ラカン派精神分析はすでに多くの研究が本邦でなされているが、そうではないフランス精神分析にも、独自の豊かな概念体系があり、本邦の読者にとっては（専門家であっても）馴染みの薄い概念が随所に出てくる。ここで、本書で繰り返し出てくる重要語句について解説しておこう。

◎備給・脱備給 **investissement/désinvestissement**、ナルシシズム **narcissisme**

これらは、フロイトが「経済論的な」視点からこころを捉える際の主要語句である。備給とは、心的エネルギーをある対象に向けることである。大雑把に言えば、「ある対象（物や人物）に関心を向けること」と捉えてさしつかえない。フランス語で備給を表す **investissement** は、元来「兵を配備して包囲すること」や「投資」という意味があるが、「経済論的」というくらいなので、精神分析的な意味での備給を考える際は資産の投資にたとえると理解しやすい。

自らのうちにあるエネルギーをある対象に向けるのは、手持ちの資産を、ある株式や債券に投資するようなものである。こころのエネルギーを特定のものに向けることを「備給」、あるいは「対象備給」という。ある企業の株を買うと、その企業の動向や業績が気になるように、備給した対象はその後関心の対象となる。また、ひとつの企業に全資産を投機することもできれば、複数の企業に少額ずつ投資することもできるように、対象備給を特定の事柄のみに一点集中してのめり込む人もいれば、多様な興味関心を持つ人もいる。また、そもそも心的エネルギー（資本）が多い人もいれば、少ない人もいる。

一方、何らかの理由で保有している株式を売り払い、資金を手元に引き戻すように、心的エネルギーを自己に撤退することを「脱備給」、あるいは「ナルシス的備給」という。備給がいき過ぎると自己に残る心的エネルギーが枯渇し、自己にエネルギーを貯めすぎると外的世界の関心が乏しくなる。

老いを考えるうえで、この概念が重要なのは、老化によって心的エネルギーの総量が否応なしに減少するだけでなく、外的対象と自身との関係が必然的に変化するからである。たとえば、全身全霊を込めて打ち込んでいた仕事から引退したら、最愛の配偶者を亡くしたら、そこに向けていた備給エネルギーは行き場に困ってしまう。あるスポーツに興じる習慣があった人は、身体的な衰えによって、興味関心を別のものに向けかえる必要がでてくる。

また、「対抗備給（contre-investissement）」という語もある（「逆備給」と訳されることもある）。これは、無意識的な願望や表象が意識や無意識に近づくのを妨害する目的でなされるエネルギー備給を意味し、症状形成や防衛機制を経済論的に説明するためにフロイトが使用した概念である。たとえば、自らの攻撃性や加害衝動を無意識的に恐れる人物が、火事の発生を心配し、いつもガスの元栓を調べるという確認強迫があったとしよう。その場合、この人物は火事という表象に対抗備給して強迫症状を形成することで、自らの攻撃性を防衛している。

こころのエネルギーの量的な関係性を対象備給・ナルシス的備給の観念を用いて描写したのがフロイ

トのナルシシズム論である。日本語ではナルシシズムのことを「自己愛」と言ったりもするが、いわゆる「ナルシスト」や「自分を愛してやまない」といった言葉で語られる事柄と、フロイト的な意味でのナルシシズムとは、原義的には異なるものと理解すべきである。

◎再現勢化 réactualisation

フロイトは「精神神経症」に対置される概念として「現勢神経症」を提起した。前者が、幼少期の経験や無意識的な葛藤の末に生じる神経症であるのに対し、現勢神経症は現在の現実的な状況から生じる神経症である。

年をとることによる自分自身や周囲の変化は、自身を葛藤的にさせ、困惑させる事態を招く。たとえば、脚力の低下によって、歩行が困難になる。行きたいところに自由に行けないということは「現勢的な」（今現在の）葛藤である。

老いのこころを考えるうえで重要なのは、こうした老年期の変化による心理的な苦痛が、単純に現在のものと言いきれない点にある。たとえば、青年期、成人期にかけて、勉強や仕事、性愛において旺盛に活躍してきた人も、老年期にさしかかり、身体的にも認知的にも老衰するなかで、無力な自分と向き合わざるをえなくなる。そうした時、かつて子ども時代に経験した無力感、親に服従させられていた経験、学業や恋愛での挫折などを想起するかもしれない。その場合、老年期に感じるこの無力感は、老年期になって初めて経験したものではなく、幼少期の同様の体験が再び現在の現実として目の前に現れる。

すなわち「再現勢化」したものとして経験される。つまり、本人の個人史のなかでの文脈が存在するのだ。老化を身体的、認知的機能の低下と捉えているだけでは見逃してしまうものを、この概念は救い上げることができるだろう。

◎補修 aménagement、抑うつポジションのワークスルー

補修とは、こころの体験様式そのものを意識的・無意識的に改変してゆくことである（同様の意味合いで「（心的）再編成 remaniement（psychique）」という言葉もよく使われている）。フランス精神分析では、この補修の水準や柔軟性に応じて、その人のパーソナリティ水準を鑑別する発想がある。

人は老いると、それまでと同じような生き方を続けることを断念せざるをえなくなる。その際、それまでの生き方や物事の捉え方を柔軟に変更していかねばならない。人のこころをひとつの建造物にたとえるなら、経年使用によって劣化した部分をできる範囲で修繕したり、空いた部屋を新しい作業のスペースとして活用できるよう模様替えしたりするようなものである（フランス語の動詞 aménager には、部屋や施設、あるいは土木事業において「整える」「整備する」「開発する」などの意味がある）。それらの規模は機会に応じて大小さまざまであるし、うまく新しい生活に適合する場合もあれば、表層的で脆弱に取り繕うことしかできない場合もある。

また、第三章では、「抑うつポジションのワークスルー」というクライン派精神分析の概念を用いて、老年期に果たされるべきこころの作業が論じられている。

メラニー・クラインは、「妄想分裂ポジション」と「抑うつポジション」という二種類の乳児のこころの体験様式を描写した。前者では、乳児は断片的で分裂した対象世界を生きており、主に迫害不安に晒されている。一方、その後に訪れる抑うつポジションでは、対象世界はより統合された全体性を持ったもの、歴史性を有するものと体験される。そこでは、喪失感、絶望感、罪悪感、悔やみなど「抑うつ不安」と呼ばれる情緒と向き合うことが課題となる。これら二つのポジションは、乳児期に限定されたこころの世界ではなく、人が生涯にわたって両立して持ち続ける体験様式であるが、さまざまな喪失を経験する老年期においては、とりわけ活性化され、前景化される。ヴェルドンは、抑うつポジションが高齢者にとって特に重要なこころの作業を提供すると主張する。

類似する概念としては、第四章Ⅲ節を中心に「断念(renoncement)」という語も用いられている。これは、愛するものが暴力的に奪われるかのように体験され、それに執着し続けてしまう「屈服(résignation)」と対比される体験である。年齢を重ねることによって喪失したさまざまなものを断念する作業を経て、老年期における新たな喜びを見いだすことが可能になる。

著者について

著者のブノワ・ヴェルドンは、フランスの精神分析家であり、臨床心理士である。成人と高齢者の精神病理と共に、TAT(主題統覚検査)やロールシャッハ法などの心理検査の投映法の専門家としても国際的に著名である。氏は、フランスの公立病院での臨床心理士としての豊富な実践を経て、APF(フランス精神分析協会）に所属するカトリーヌ・シャベールの指導のもと博士論文を提出した。二〇〇四年には、パリ大学デカルト校（現パリ大学）心理学研究所の准教授に着任している。在野での臨床実践を続けながらも、パリ大学「臨床心理、精神病理、精神分析研究所」（ＰＣＰＰ）の公式所属メンバーとして、教育活動・研究活動に従事している。二〇一一年に、同大学の臨床心理学・精神病理学教授、二〇一二年からは同研究所の副室長に任命されている。また、「フランス語圏におけるロールシャッハおよび投映法」の会長も務め、「包括システムによる日本ロールシャッハ学会」（ＪＲＳＣ）とのつながりもある。

本書で示されているヴェルドン氏の思索を支えているのは、老年期の患者たちと触れあってきた豊かな臨床経験と卓越した心理検査法の技術であろう。彼らが取り組んでいる投映法の技術は、フランス精神分析の影響を色濃く受けており、身体表象、ナルシシズム、同一化をめぐる諸問題のほか、喪失、攻撃性、誘惑、受動性、依託などにも注目する。これらは、高齢者のこころの機能の多様性、特異性を理解するうえで、非常に重要な切り口となるだろう。今後、老年期の心理臨床をめぐって、日仏間での展開が期待される。

ヴェルドン氏には、本書以外にも多数の著書、共著、学術論文があるが、主だった業績としては以下のものが挙げられる（いずれも未邦訳）。

Chabert, C. & Verdon, B. (2008). *Psychologie clinique et psychopathologie*, Paris : Presses universitaires de France, 3ème édition remaniée, 2020.（『臨床心理学と精神病理学』）

Verdon, B. (dir.) (2012). *Cliniques du sujet âgé. Pratiques psychologiques*. Paris : Armand Colin.（『高齢者の臨床――心理学的実践』）
Verdon, B. (2012). *Clinique et psychopathologie du vieillissement. Apports des méthodes projectives*, Paris : Dunod.（『老いの臨床と精神病理――投映法によるアプローチ』）
Verdon, B. & Azoulay, C. (dir.) (2019). *Psychoanalysis and Projective Methods in Personality Assessment. The French School*. Göttingen: Hogrefe Publishing.（『フランス学派の精神分析と投映法による人格アセスメント』）
Verdon, B. & Gutton, P. (dir.) (2020). *Fragilité et force du lien. Psychanalyse et vieillissement*. Paris : In Press.（『つながりの脆さと力――精神分析と老い』）
Chabert, C., Louët, E., Azoulay, C. & Verdon, B. (2020). *Manuel du Rorschach et du TAT. Interprétation psychanalytique*. Paris : Dunod.（『ロールシャッハとＴＡＴマニュアル――精神分析的解釈法』）

訳者あとがき

本書は、Benoît Verdon, *Le Vieillissement psychique* (Coll. Que sais-je?, n° 3981, PUF, 2013) の全訳である。原著は二〇一三年の初版発刊後から、評判を得てこれまで順調に版を重ねている。今回の翻訳では、二〇一六年の改訂版を底本とした。

原題は、直訳するなら「こころの老化」、あるいは「老いのこころ」といったところだろうか。ただ、本書では、老いに伴うこころの変化や直面する困難の描写にとどまらず、老いによって、一人の個人が人生そのものを振り返り、その価値観を更新してゆく豊かな可能性が並々ならぬ熱意で論じられている。この点に加え、精神分析の知見が一貫した理論的枠組みとなっていることも踏まえ、本訳書を『こころの熟成——老いの精神分析』とすることにした。

人が生きて変化することをポジティブに表現する場合、「成長」、「発達」、「発展」、「進歩」などの言葉が思い浮かぶが、老いのフェーズにおいては「熟成」がもっとも適切であると思う。長熟型のワインが、長い歳月をかけて少しずつ角が取れ丸くなり、かつてはなかった香りや味わいを醸し出すように、人のこころも老いを経るなかで若い時にはなかった光景を繰り広げる。そこには力強さや華やかさ、フレッシュさはなく、むしろ弱々しく地味でしなびたものかもしれないが、独特の円熟味や魅力を帯びる。それは、その人のきわめてパーソナルで複雑な個人史の積み重ねがなしえた特異的な到達にほかならないし、若い時分には持ちえなかった価値基準で生きていくことである。

その意味で、老いの課題とは、昇華のプロセスかもしれない。昇華とは、「こころのエネルギーが社会的・文化的に価値あるものに変換されるもの」と意味する精神分析の専門用語であるが、老いを経るなかでこころのエネルギーが少なくなるだけでなく、その人にとっての「社会的・文化的価値」も相対的に変化していく。自分の人生史の文脈で自分なりの価値を見いだし、そこに適合させていく作業が課されることになる。

たとえば、イギリスのロマン主義の風景画家、ウィリアム・ターナーの晩年は、このことを考えるうえで良き事例と言えるだろう。彼は、自身が幼い頃からすでにこころを患っていた母を精神病院で亡くし、一貫して、父との親密な関係を築いたことで知られている。精神分析的な語彙を用いることは、必ずしも彼の作品をより良く理解することには結びつかないかもしれない。それでも、彼の晩年の作品に特有の、あの目がくらむような光の暴露、あの驚くべき抽象性は、老いがもたらす、いや、老いを生きる者だけが手にすることができる、ある特権的な創造性を、私たちに示しているように思われる。

「老年が、永遠の若さをではなく、反対にある至高の自由を、ある純粋な必然性を与えてくれるようないくつかのケースがある。そこでは、ひとは生と死の狭間の、ある恩恵の期間を享受し、機械の部品がすべて組み合わされて、すべての年齢を貫く一本の矢が未来へと投じられる」。同じく老境にいた哲学者のジル・ドゥルーズとフェリックス・ガタリは、老ターナーについてこのように語る。老境のターナーが獲得したもの、それは、「人影のない、もとには戻らぬ道へと、絵画を導いていく権利だった」(『哲学とは何か』財津理訳、河出文庫、七―八頁)。もちろん、きれいごとで済むことのない、苦悩、失望、諦念ない特権があるのだ。

が訪れるだろう。それでも、若さに特権があるように、老いにもまた、これらの苦しみに尽きることの

本書はいくぶん専門的な知見から記述されているものの、老いに伴うこころのありように関心を持つ一般の人に読まれることを想定され著されている。老年期臨床に携わる臨床家や医療従事者はもちろん、精神分析や倫理学、哲学や文学に関心のある研究者や学生にとっても興味深い視点を提供するだろう。さらには、老いを含めた自身の人生全体に目を向けようとしている方々、老年期の家族と接する機会のある方々には、年齢を問わず手にとってもらえれば幸いである。

人の老いとは、衰えや喪失であり、死や病と近接したものである。しかし、老いによってはじめて見いだされるその人生の価値もたしかに存在する。読者の方々が本書を通じて、ご自身の、あるいは身近な高齢者のこころを再発見することがあるならば、訳者らとしては望外の喜びである。

今回の翻訳作業では、序章、第二章、第三章、第五章を阿部、第一章を小倉、第四章、第六章を堀川がまず下訳し、その後、各々の訳稿を回して修正し、最終的に補正を行う手順を取った。本書で多くみられる精神分析の著作や文学作品に関しては、邦訳が既刊のものはなるべくそれらを参照し、引用した（必要に応じて訳文に手を加えた場合もある）。精神分析に関する専門用語については、ラプランシュとポンタリスによる『精神分析用語辞典』（村上仁監訳、みすず書房、一九七七年）を適宜参照した。また、精神

分析に馴染みの薄い読者も通読できるよう、専門用語にはできるだけ訳注を付すよう配慮した。

本書における著者の主張は一貫しているものの、そのフランス語は複雑な構文や長文が多く、たいへん骨の折れる作業であった。本文の読解および訳出に関しては、精神分析史・現代フランス思想史研究者の佐藤朋子氏、イヨネスコ研究者の岡健司氏に貴重な指導を賜った。また、著者ヴェルドン氏には、我々の理解の及ばなかった部分や細かな引用情報に関する質問にご回答いただいた。

遅々として進まない本書の翻訳作業の間、粘り強く私たちを支えて下さった白水社の小川弓枝さんにはこの場を借りて心からの御礼を申し上げたい。

訳者

訳者略歴

堀川聡司（ほりかわ　さとし）

2010年、京都大学教育学部卒業。2015年、京都大学大学院教育学研究科博士後期課程修了。博士(教育学)、臨床心理士、公認心理師。現在、駒澤大学コミュニティ・ケアセンター、白金高輪カウンセリングルーム勤務。主な著訳書に、『精神分析と昇華——天才論から喪の作業へ』(岩崎学術出版社、2016年)、『心理療法における終結と中断』（分担執筆、創元社、2016年)、『精神分析における生と死』（共訳、金剛出版、2018年）など。

小倉拓也（おぐら　たくや）

2008年、神戸市外国語大学外国語学部卒業。2015年、大阪大学大学院人間科学研究科博士後期課程修了。博士（人間科学)。現在、秋田大学教育文化学部准教授。主な著訳書に、『カオスに抗する闘い』（人文書院、2018年)、『発達障害の時代とラカン派精神分析』（共著、晃洋書房、2017年)、B・フィンク『「エクリ」を読む』（共訳、人文書院、2015年)、N・ローズ『生そのものの政治学』(共訳、法政大学出版局、2014年）など。

阿部又一郎（あべ　ゆういちろう）

1999年、千葉大学医学部卒業、精神科医。2008年、フランス政府給費生として渡仏して臨床研修。2011年、東京医科歯科大学大学院医歯学総合研究科博士課程修了、博士（医学)。現在、伊敷病院勤務、東洋大学非常勤講師。主な訳書に、F・ブルジェール『ケアの社会』（共訳、風間書房、2016年)。S・ティスロン『レジリエンス』(2016年)、P・H・ケレール『うつ病』（共訳、2017年)、S・ティスロン『家族の秘密』(2018年)、M・マソン『双極性障害』（監訳、2018年)、S・ポーガム『100語ではじめる社会学』（共訳、2019年）（以上、白水社文庫クセジュ)。

参考文献

雑誌

« Les pulsions au milieu de la vie », *Revue française de psychanalyse*, 69, 4, 2005.

Voyage au pays de Gérousie. Le grand âge en institution, musée de l'Assistance publique – Hôpitaux de Paris.

Revue *Gériatrie, psychologie et neuropsychiatrie du vieillissement.*

Revue *Gérontologie et société.*

書籍

【1】Abraham Karl, « Le pronostic du traitement psychanalytique chez les sujets d'un certain âge » (1920), *Essais théoriques, in Œuvres complètes II*, Paris, Payot, 1973, p. 92-96.

【2】Ameisen Jean-Claude, Le Blanc Guillaume, Minnaërt Eric., *Anthropologies du corps vieux*, Paris, Puf, 2008.

【3】André Jacques, « L'unique objet », in André Jacques (dir.), *Les États-limites, nouveau paradigme pour la psychanalyse ?*, Paris, Puf, 1999, p. 1-21.

【4】—, « Le masochisme immanent », in André Jacques (dir.), *L'Énigme du masochisme*, Paris, Puf, 2000, p. 1-18.

【5】—, *Les Désordres du temps*, Paris, Puf, 2010.

【6】Assoun Paul-Laurent, « Le vieillissement saisi par la psychanalyse », *Communications. Le continent gris. Vieillesse et vieillissement*, 37, 1983, p. 167-179.

【7】Baddeley Alan, « The episodic buffer: a new component of working memory? ». *Trends in Cognitive Sciences*, 4, 2000, p. 417-423.

【8】Baschet Jérôme, *Le Sein du père : Abraham et la paternité dans l'Occident médiéval*, Paris, Gallimard, 2000.

【9】Balier Claude, « Étude clinique » et « Éléments pour une théorie narcissique du vieillissement », *Gérontologie et société, 4*, 1976, p. 59-153.

[10] —, « Pour une théorie narcissique du vieillissement », *L'Information psychiatrique*, 55, 6, 1979, p. 635-645.

[11] Bianchi Henri, « Travail du vieillir et "travail du trépas" », *Psychanalyse à l'université*, 5, 20, 1980, p. 613-619.

[12] —, *Le Moi et le temps. Psychanalyse du temps et du vieillissement*, Paris, Dunod, 1987.

[13] —, *La Question du vieillissement. Perspectives psychanalytiques*, Paris, Dunod, 1989.

[14] —, « Psychodynamique du vieillissement », in Clément Jean-Pierre, Léger Jean-Marie et Wertheimer Jean (dir.), *Psychiatrie du sujet âgé*, Paris, Flammarion, 1999, p. 46-55.

[15] Billé Michel, Martz Didier, *La Tyrannie du bien vieillir*, Latresne, Le Bord de l'Eau, 2010.

[16] Caleca Catherine, « Cri, langage, affect. Modalités dans le grand âge », *L'Information psychiatrique*, 82, 5, 2006, p. 389-396.

[17] —, « Modalités de langage dans les démences sévères et leurs conséquences relationnelles », *Gérontologie pratique*, 187, 2007, p. 12-14.

[18] —, « Psychothérapie individuelle de l'adulte âgé présentant des troubles démentiels », in Verdon Benoît (dir.), *Cliniques du sujet âgé. Pratiques psychologiques*, Paris, Armand Colin, 2012, p. 165-185.

[19] Chabert Catherine, *Féminin mélancolique*, Paris, Puf, 2003.

[20] Charazac Pierre, *Psychothérapie du patient âgé et de sa famille*, Paris, Dunod, 2012, 2e éd.

[21] —, « Psychothérapies du sujet âgé », *EMC*, Paris, Psychiatrie, 37540-C50, 2001, 8 p.

[22] —, *Comprendre la crise de la vieillesse*, Paris, Dunod, 2005.

[23] —, *Soigner la maladie d'Alzheimer*, Paris, Dunod, 2009.

[24] —, *L'Aide-mémoire de psycho-gériatrie*, Paris, Dunod, 2011.

[25] Dadoun Roger, Ponthieu Gérard, *Vieillir et jouir. Feux sous la cendre*, Paris, Phébus, 1999.

[26] Danon-Boileau Henri, *De la vieillesse à la mort. Point de vue d'un usager*, Paris, Calmann-Lévy, 2000.

[27] Danon-Boileau Henri, Dedieu-Anglade Gérard, *Une certaine forme d'obstination. Vivre le très grand âge*, Paris, Odile Jacob, 2012.

[28] Dejours Christophe, « Réactions psychopathologiques aux ruptures involontaires d'activité professionnelle (retraite, licenciement, maladie, reclassement) », *Psychologie médicale, 15*, 11, 1983, p. 1875-1880.

[29] —, « La corporéité entre psychosomatique et science du vivant », in *Somatisation, psychanalyse et sciences du vivant*, Paris, Eshel, 1994, p. 93-122.

[30] Emmanuelli Michèle, *L'Adolescence*, Paris, Puf, « Que sais-je ? », 2005.

[31] Erhenberg Alain, *Le Culte de la performance*, Paris, Calmann-Lévy, 1991.

[32] Estellon Vincent et Marty François, *Cliniques de l'extrême*, Paris, Armand Colin, 2012.

[33] Fédida Pierre, *Des bienfaits de la dépression. Éloge de la psychothérapie*, Paris, Odile Jacob, 2001.

[34] Ferenczi Sándor, « Pour comprendre les psychonévroses du retour d'âge » (1921), *Œuvres complètes. Psychanalyse III (1919-1926)*, Paris, Payot, 1974, p. 150-155.

[35] —, « Thalassa. Essai sur la théorie de la génitalité » (1924), *Œuvres complètes. Psychanalyse III (1919-1926)*, Paris, Payot, 1974, p. 250-323.

[36] Fernandez Lydia (dir.), *Psychologie clinique du vieillissement : 15 études de cas*, Paris, In-Press, 2013.

[37] Freud Sigmund, *Correspondance (1873-1939)*, Paris, Gallimard, 1979.

[38] —, « La méthode psychanalytique de Freud » (1904), *Œuvres complètes VI*, Paris, Puf, 2003, p. 11-17.

[39] —, « De la psychothérapie » (1904), *Œuvres complètes VI*, Paris, Puf, 2003, p. 45-58.

[40] —, « Le poète et l'activité de fantaisie » (1908), *Œuvres complètes VIII*, Paris, Puf, 2007, p. 159-171.

[41] —, « Deuil et Mélancolie » (1915), *Œuvres complètes XIII*, Paris, Puf, 2005, p. 261-280.

[42] —, « Le Moi et le Ça » (1923), *Œuvres complètes XVI*, Paris, Puf, 2000, p. 255-301.

[43] —, *Ma vie et la psychanalyse*, Paris, Gallimard, 1925.

[44] —, « Inhibition, symptôme et angoisse » (1926), *Œuvres complètes XVII*, Paris, Puf, 1992, p. 203-286.

[45] —, « Le malaise dans la culture » (1930), *Œuvres complètes XVIII*, Paris, Puf, 2002, p. 245-333.

[46] —, « Un trouble de mémoire sur l'Acropole, lettre à Romain Rolland » (1936), *Œuvres complètes XIX*, Paris, Puf, 2004, p. 325-338.

[47] Freud Sigmund, Abraham Karl, *Correspondance complète (1907-1925)*, Paris, Gallimard, 2006.

[48] Freud Sigmund, Zweig Arnold, *Correspondance (1927-1939)*, Paris, Gallimard, 1973.

[49] Gagey Jacques, « Le vieillard, objet paradoxal de la psychanalyse », *Chronos*, 1, Sopedim, 1983, p. 1-7.

[50] Gély-Nargeot Marie-Christine, Mure Clara, Guérin-Langlois Christophe *et alii*, « Effet du vieillissement cognitif sur les performances mnésiques », *La Presse médicale*, 29, 15, 2000, p. 849-857.

[51] Gély-Nargeot Marie-Christine et Raffard Stéphane, « La pratique du bilan clinique neuropsychologie et psychométrique », in Verdon Benoît (dir.), *Cliniques du sujet âgé. Pratiques psychologiques*, Paris, Armand Colin, 2012, p. 65-87.

[52] Giannakopoulos Panteleimon, Quartier Florence, *Un avenir pour la vieillesse*, Rueil-Malmaison, Doin, 2007.

[53] Green André, *Narcissisme de vie, narcissisme de mort*, Paris, Éditions de Minuit, 1983.

[54] —, « Vie et mort dans l'inachèvement », *Nouvelle revue de psychanalyse*, 50, 1994, p. 155-183.

[55] —, « Passivité-passivation : jouissance et détresse », *Revue française de psychanalyse, LXIII*, 5, Puf, 1999, p. 1587-1600.

[56] —, *Le Temps éclaté*, Paris, Éditions de Minuit, 2000.

[57] Grosclaude Michèle, *Psychothérapies des démences. Quels fondements ? Quels objectifs ?*, Montrouge, John Libbey Eurotext, 1997.

[58] Grotjahn Martin, « Analytic Psychotherapy with the Elderly », *Psychoanalytical Review*, 42, 1955, p. 419-427.

[59] Guillaumin Jean, « Le temps et l'âge. Réflexions psychanalytiques sur le vieillir », in Guillaumin Jean et Reboul Hélène (dir.), *Le Temps et la vie. Les dynamismes du vieillissement*, Lyon, Chronique sociale, 1982, p. 133-143.

[60] Hanon Cécile *et al.*, *Devenir vieux. Les Enjeux de la psychiatrie du sujet âgé*, Rueil-Malmaison, Doin, 2012.

[61] Hildebrand Peter, « Scène originaire — Mort », in *Temps, vieillissement, société. Actes du 2e congrès de l'Association internationale de gérontologie psychanalytique*, Paris, Sopedim, 1982, p. 19-32.

[62] Isingrini Michel et Taconnat Laurence, « Mémoire épisodique, fonctionnement frontal et vieillissement », *Revue neurologique*, 164, S91, 2008, p. 5.

[63] Janin Claude, « À propos de la psychopathologie du troisième âge. Quelques hypothèses psychodynamiques », in Reboul Hélène et Guillaumin Jean (dir.), *Le Temps et la vie. Les dynamismes du vieillissement*, Lyon, Chronique sociale, 1982, p. 129-132.

[64] Jaques Elliott, « La mort et la crise du milieu de la vie » (1963), in Anzieu Didier (dir.), *Psychanalyse du génie créateur*, Paris Dunod, 1974, p. 238-260.

[65] Jones Ernest, « Le fantasme du renversement de l'ordre des générations » (1948), *Théorie et pratique de la psychanalyse*, Paris, Payot, 1997, p. 372-377.

[66] Junkers Gabriele (dir.), *Is it too late? Key papers on psychoanalysis and ageing*, Londres, Karnac, 2006.

[67] Kübler-Ross Elisabeth, *On Death and Dying*, New York, McMillan, 1969, trad. fraç. Cosette Jubert, Étienne de Peyer, *Les Derniers Instants de la vie*, Genève, Labor & Fides, 1996.

[68] Le Gouès Gérard, *Le Psychanalyste et le Vieillard*, Paris, Puf, 1991.

[69] —, *L'Âge et le principe de plaisir*, Paris, Dunod, 2000.

【70】 Maisondieu Jean, *Le Crépuscule de la raison* (1989), Paris, Bryard, 2011.

【71】 Mauriac François, *Bloc-notes*, t. IV : *1965-1967* [1970], Paris, Seuil, 1993.

【72】 Messy Jack, *La Personne âgée n'existe pas. Une approche psychanalytique de la vieillesse*, Paris, Rivages, 1992.

【73】 Montani Claudine, *La Maladie d'Alzheimer. Quand la psyché s'égare*, Paris, L'Harmattan, 1994.

【74】 Montfort Jean-Claude, *La Psychogériatrie* (1998), Paris, Puf, « Que sais-je ? », 2011, 4e éd.

【75】 —, « Troubles névrotiques et caractériels des personnes âgées », *in* Clément Jean-Pierre, Léger Jean-Marie et Wertheimer Jean (dir.), *Psychiatrie du sujet âgé*, Paris, Flammarion, 1999, p. 216-233.

【76】 Müller Christian et Wertheimer Jean, *Abrégé de psychogériatrie*, Paris, Masson, 1981.

【77】 M'Uzan Michel de, « Freud et la mort », in *De l'art à la mort*, Paris, Gallimard, 1976, p. 49-63.

【78】 Oppenheim-Gluckman Hélène, *La Pensée naufragée. Clinique Psycho-pathologique des patients cérébro-lésés*, Paris, Anthropos, 2005.

【79】 Oulès Jean, « Les névroses du troisième âge », *Confrontations psychiatriques*, 5, 1970, p. 83-111.

【80】 Ouss Lisa, Golse Bernard, Georgieff Nicolas et Widlöcher Daniel (dir.), *Vers une neuropsychanalyse ?*, Paris, Odile Jacob, 2009.

【81】 Péruchon Marion, « Travail de deuil du moi chez le sujet âgé », *Gérontologie*, 87, 1993, p. 13-15.

【82】 —, *Le Déclin de la vie psychique*, Paris, Dunod, 1994.

【83】 —, « Régression et/ou désorganisation au regard de la sénescence », *Psychiatrie française*, 2, 1999, p. 126-133.

【84】 —, *La Maladie d'Alzheimer, entre psychosomatique et neuropsychanalyse. Nouvelles perspectives*, Paris, Hermann, 2011.

【85】 Péruchon Marion et Thomé-Renault Annette, *Destins ultimes de la pulsion de mort*, Paris, Dunod, 1992.

[86] Platier-Zeitoun Dominique et Polard José, *Vieillir... Des psychanalystes parlent*, Toulouse, Érès, 2009.

[87] Piolino Pascale, « Le vieillissement normal de la mémoire autobiographique », *Psychologie et neuropsychiatrie du vieillissement*, 1, 1, 2003, p. 25-35.

[88] Ploton Louis (dir.), *Le droit absolu de ne pas vieillir ?*, Paris, Pradel, 1995.

[89] Ploton Louis, *La Maladie d'Alzheimer. À l'écoute d'un langage*, Lyon, Chronique sociale, 1996.

[90] Pontalis Jean-Bertrand, *Ce temps qui ne passe pas*, Paris, Gallimard, 1997.

[91] —, *En marge des nuits*, Paris, Gallimard, 2010.

[92] Quinodoz Danielle, « Psychothérapie et personnes âgées : le point de vue d'une psychanalyste », *in* Clément Jean-Pierre, Léger Jean-Marie et Wertheimer Jean (dir.), *Psychiatrie du sujet âgé*, Paris, Flammarion, 1999, p. 407-422.

[93] —, *Vieillir, une découverte*, Paris, Puf, 2008.

[94] Rank Otto, *Le Traumatisme de la naissance* (1924), Paris, Payot, 2002.

[95] Romilly Jacqueline de, *Les Révélations de la mémoire*, Paris, Éditions de Fallois, 2009.

[96] Rosenberg Benno, « Masochisme mortifère et masochisme gardien de la vie », *Les Cahiers du Centre de psychanalyse et de psychothérapie : Masochismes, 5*, 1982, p. 41.-95.

[97] Schur Max, *La Mort dans la vie de Freud* (1972), Paris, Gallimard, 1975.

[98] Simeone Italo, « Aspects psychodynamiques du vieillissement », *Gérontologie et Société, 46*, 1988, p. 8-20.

[99] Talpin Jean-Marc, *Psychologie du vieillissement normal et pathologique*, Paris, Armand Colin, 2013.

[100] Talpin Jean-Marc *et alii*, *Cinq Paradigmes cliniques du vieillissement*, Paris, Dunod, 2005.

[101] Tignol Jean, Brenot Philippe, Etcheverry Michel et Grafeille Nadine, « Troubles de la sexualité du sujet âgé et conjugo-

pathies », *in* Jean-Pierre Clément, Jean-Marie Léger et Jean Wertheimer (dir.), *Psychiatrie du sujet âgé*, Paris, Flammarion, 1999, p. 284-291.

【102】Tolstoï Léon, *Journaux et carnets III (1905-1910)*, Paris, Gallimard, « Bibliothèque de la Pléiade », 1985.

【103】Van der Linden Martial et Juillerat Van der Linden Anne-Claude, *Penser autrement le vieillissement*, Bruxelles, Mardaga, 2009.

【104】Verdon Benoît *et alii*, *Cliniques du sujet âgé. Pratiques psychologiques*, Paris, Armand Colin, 2012.

【105】—, « Le chemin vers l'inévitable. Freud, la vieillesse, la maladie, la mort », in Perron Roger et Missonnier Sylvain (dir.), *Sigmund Freud*, Paris, Cahiers de l'Herne, 2015a, p. 74-80.

【106】—, « La maladie d'Alzheimer, entre présence et absence à soi-même », in Chabert Catherine (dir.) *La Douleur*, Toulouse, Érès, « Carnet/PSY », 2015b, p. 223-239.

【107】Villa François, *La Puissance du vieillir*, Paris, Puf, 2010.

【108】Woodward Kathleen, *Aging and its discontents. Freud and other fictions*, Bloomington et Indianapolis, Indiana University Press, 1991.

インターネットサイト
francealzheimer.org
fondation-mederic-alzheimer.org
mythe-alzheimer.over-blog.com
agevillage.com
oldup.fr
senioractu.com

文庫クセジュ　Q 1046
こころの熟成　老いの精神分析

2021年10月10日　印刷
2021年11月5日　発行
著　者　ブノワ・ヴェルドン
訳　者 © 堀川聡司
小倉拓也
阿部又一郎
発行者　及川直志
印刷・製本　株式会社平河工業社
発行所　株式会社白水社
東京都千代田区神田小川町3の24
電話　営業部 03（3291）7811 / 編集部 03（3291）7821
振替　00190-5-33228
郵便番号　101-0052
www.hakusuisha.co.jp

乱丁・落丁本は，送料小社負担にてお取り替えいたします．
ISBN978-4-560-51046-9
Printed in Japan

文庫クセジュ

哲学・心理学・宗教

文庫クセジュ

文庫クセジュ

歴史・地理・民族（俗）学

文庫クセジュ

945 ハドリアヌス帝
948 ディオクレティアヌスと四帝統治
951 ナポレオン三世
959 ガリレオ
962 100の地点でわかる地政学
964 100語でわかる中国
967 コンスタンティヌス
974 ローマ帝国
979 イタリアの統一
981 古代末期
982 ショアーの歴史
986 ローマ共和政
988 100語でわかる西欧中世
993 ペリクレスの世紀
995 第五共和制
1001 第一次世界大戦
1004 クレタ島
1005 古代ローマの女性たち
1007 文明の交差路としての地中海世界
1010 近東の地政学
1014 『百科全書』
1028 ヨーロッパとゲルマン部族国家
1032 コラボ＝対独協力者の粛清
1035 新聞・雑誌の歴史
1037 ローマ帝国の衰退
1041 ジュネーヴ史

文庫クセジュ

社会科学

357 売春の社会学
396 性関係の歴史
483 社会学の方法
616 中国人の生活
693 国際人道法
717 第三世界
740 フェミニズムの世界史
744 社会学の言語
746 労働法
786 ジャーナリストの倫理
787 象徴系の政治学
824 トクヴィル
845 ヨーロッパの超特急
847 エスニシティの社会学
887 ＮＧＯと人道支援活動
888 世界遺産
893 インターポール
894 フーリガンの社会学
899 拡大ヨーロッパ
917 教育の歴史
919 世界最大デジタル映像アーカイブ ＩＮＡ
926 テロリズム
936 フランスにおける脱宗教性《ライシテ》の歴史
940 大学の歴史
946 医療制度改革
957 ＤＮＡと犯罪捜査
994 世界のなかのライシテ
1010 モラル・ハラスメント
1025 100語ではじめる社会学
1039 100語でわかるＢＯＢＯ（ブルジョワ・ボヘミアン）
1040 脱成長
1042 アーカイヴズ
1043 異文化間教育

文庫クセジュ

語学・文学

266 音声学
514 記号学
579 ラテンアメリカ文学史
598 英語の語彙
618 英語の語源
646 ラブレーとルネサンス
711 中世フランス文学
714 十六世紀フランス文学
716 フランス革命の文学
721 ロマン・ノワール
729 モンテーニュとエセー
753 文体の科学
774 インドの文学
776 超民族語
784 イディッシュ語
788 語源学
817 ゾラと自然主義
822 英語語源学
838 ホメロス
840 語の選択
846 社会言語学
855 フランス文学の歴史
868 ギリシア文法
924 二十世紀フランス小説
934 比較文学入門
949 十七世紀フランス文学入門
955 SF文学
965 ミステリ文学
971 100語でわかるロマン主義
976 意味論
980 フランス自然主義文学
1008 音声の科学
1031 二十世紀の文学と音楽
1036 コルシカ語

文庫クセジュ

芸術・趣味